Roger Mucchielli

La conduite des réunions

Partie Connaissance du problème

ESF éditeur
17, rue Viète 75017 Paris

Collection
Formation Permanente en Sciences Humaines

Collection fondée par Roger Mucchielli
et dirigée par Lionel Bellenger

DANS LA MÊME COLLECTION

SÉMINAIRES DE :

ROGER MUCCHIELLI

L'analyse de contenu (7e édition 1991).
Communication et réseaux de communications (9e édition 1993).
Les complexes personnels (5e édition 1994).
La conduite des réunions (14e édition 1994).
La dynamique des groupes (13e édition 1992).
L'entretien de face à face dans la relation d'aide (13e édition 1994).
L'étude des postes de travail (8e édition 1994).
L'examen psychotechnique (8e édition 1994).
L'interview de groupe (6e édition 1987).
La méthode des cas (8e édition 1993).
Les méthodes actives dans la pédagogie des adultes (8e édition 1994).
Observation psychologique et psychosociologique (4e édition 1991).
Opinions et changement d'opinion (4e édition 1988).
Organigrammes et sociogrammes *(épuisé)*.
Psychologie de la publicité et de la propagande *(épuisé)*.
Psychologie de la relation d'autorité (5e édition 1991).
Psychologie de la vie conjugale (4e édition 1989).
Psychosociologie d'une commune rurale *(épuisé)*.
Le questionnaire dans l'enquête psychosociale (10e édition 1993).
Le travail en équipe (6e édition 1992).

BERNARD ADAM

Animer une étude analyse de la valeur. Guide pratique des procédés et des techniques efficaces (1re édition 1989).

ANNE ANCELIN SCHUTZENBERGER

Le jeu de rôle (4e édition 1992).

ROGER BAZIN

Développement personnel et entraînement mental (4e édition 1990).
Le nouvel esprit qualité. Une pédagogie pour enrichir le dialogue social et garantir une meilleure efficacité des entreprises (1re édition 1990).
Organiser les sessions de formation (5e édition 1994).

LIONEL BELLENGER

L'argumentation. Principes et méthodes (4e édition 1992).
La confiance en soi (2e édition 1994).
L'expression orale. Une approche nouvelle de la parole expressive (5e édition 1992).
Les outils du négociateur. Consulter, argumenter, réfuter [2] (1re édition 1991).
Stratégies et tactiques de négociation [1] (1re édition 1990).

LIONEL BELLENGER ET MARIE-JOSÉE COUCHAERE

Animer et gérer un projet. Un concept et des outils pour anticiper l'action et le futur (2e édition 1994).

ALAIN CAYROL ET PATRICK BARRERE

La Programmation Neuro-Linguistique (P.N.L.). Des techniques nouvelles pour favoriser l'évolution personnelle et professionnelle (8e édition 1994).

DOMINIQUE CHALVIN ET L'ÉQUIPE CEGOS-IPPSO

Les réunions d'expression des salariés. Les organiser, les animer et y participer (1re édition 1984).

DOMINIQUE CHALVIN

L'affirmation de soi (7e édition 1992).
Autodiagnostic des styles de management. A l'usage des cadres et des dirigeants (4e édition 1993).
Faire face aux stress de la vie quotidienne (4e édition 1991).
Les nouveaux outils de l'Analyse Transactionnelle. Pour développer l'énergie des individus et des organisations [2] (5e édition 1993).
Les outils de base de l'Analyse Transactionnelle. Pour développer l'énergie des individus et des organisations [1] (6e édition 1994).
Utiliser tout son cerveau. De nouvelles voies pour accroître son potentiel de réussite (4e édition 1991).

GÉRARD CHANDEZON ET JOËL SALOU

L'insécurité. Comprendre les risques de la vie quotidienne et y faire face (1re édition 1985).

JACQUES CHAUMIER

Travail et méthodes du/de la documentaliste (4e édition 1993).

JEAN-DOMINIQUE CHIFFRE ET JACQUES TEBOUL

La motivation et ses nouveaux outils. Des clés pour dynamiser une équipe (3e édition 1994).

JACQUES CLARET

Organiser la pensée. Une formation méthodique au travail intellectuel (4e édition 1994).

MARIE-JOSÉE COUCHAERE

Eduquer la mémoire (4e édition 1992).

SOPHIE COURAU

Les outils de base du formateur. Parole et supports [1] (2e édition 1994).
Les outils d'excellence du formateur. Pédagogie et animation [2] (2e édition 1994).

PHILIPPE CRUELLAS ET RAPHAËL BENAYOUN

Le temps : mode d'emploi. Reconquérir son temps... et sa vie (4e édition 1993).

GERARD DEVAUX

Se préparer à l'oral des examens et des concours (2e édition 1993).

MARC DOVERO ET ELISABETH GREBOT

Enseigner, former, conseiller avec la PNL (2e édition 1993).

VIVIANE DUBOS

Les émotions. Comment s'en faire des alliées avec les outils de la PNL (2e édition 1994).

VICTOR ERNOULT, JEAN-PIERRE GRUÈRE, FABIENNE PEZEU

Optimiser les ressources humaines dans l'entreprise. Formation à la méthode du bilan comportemental (2e édition 1988).

MICHEL FUSTIER

Pratique de la créativité (6e édition 1991).
Pratique de la dialectique (2e édition 1986).
La résolution de problèmes, méthodologie de l'action (5e édition 1993).

MICHEL GIFFARD

Développez votre intuition et celle de votre équipe (1re édition 1992).

PATRICK GILBERT

Gérer le changement dans l'entreprise. Comment conduire des projets novateurs et développer les ressources humaines (1re édition 1988).

PATRICK GILBERT ET CHRISTIAN CHARDON

Analyser l'écriture. Une démarche et un outil nouveaux en graphologie (2e édition 1989).

PATRICK GILBERT ET CLAUDE PIGANIOL-JACQUET

Informatiser la gestion. Application aux ressources humaines (1re édition 1991).

LAURENT GODBOUT

S'entraîner à raisonner juste. Pour mieux se comprendre et mieux s'entendre (1re édition 1989).

ELISABETH GREBOT

Images mentales et stratégies d'apprentissage. Explication et critique. Les outils modernes de gestion mentale (1re édition 1994).

HUBERT JAOUI

La créativité, mode d'emploi (1re édition 1990).

HUBERT JAOUI ET FRANÇOIS-MARIE PONS

La communication pratique au service des entreprises (1re édition 1992).

ALAIN JOLIBERT ET MAUD TIXIER

La négociation commerciale. Etudes de cas. Préparation et stratégie (1re édition 1988).

PHILIPPE KAEPPELIN

L'écoute. Mieux écouter pour mieux communiquer (4e édition 1993).

JEAN-FRANÇOIS LABOREY

L'entretien annuel d'appréciation et de carrière (2re édition 1993).

ROGER LAUNAY

La négociation (3e édition 1990).

PIERRE LEBEL

Améliorer la qualité de vie au travail par la participation (1re édition 1990).
Métrologie, mesure et maîtrise des communications (1re édition 1980).
Pratique du droit social. A l'usage des cadres et de la maîtrise dans les entreprises (1re édition 1986).

CLAUDE LE BŒUF ET ALEX MUCCHIELLI

Le projet d'entreprise. Comment le préparer, le réaliser et motiver votre personnel (2e édition 1991).

EDOUARD LIMBOS

L'animation des groupes de culture et de loisirs (5e édition 1994).
Les barrages personnels dans les rapports humains. Comment les comprendre et les surmonter (3e édition 1993).
La formation des animateurs de groupes de jeunes (3e édition 1989).
Le management des changements sociaux dans l'entreprise (1re édition 1991).
La participation. Conseils et méthodes pour développer la qualité et l'animation de la « vie associative » (1re édition 1986).
Les « problèmes humains » dans les groupes (2e édition 1984).

YVES-FRÉDÉRIC LIVIAN

Gérer le pouvoir dans les entreprises et les organisations. L'analyse des comportements « politiques » (1re édition 1987).

ALEX MUCCHIELLI

Les mentalités. Compréhension et analyse (1re édition 1984).
Rôles et communications dans les organisations (3e édition 1991).

DANIEL PEMARTIN

Réussir le changement. Mutations des entreprises et problèmes humains (1re édition 1987).

PHILIPPE PIGALLET

L'art de lire. Principes et méthodes (2e édition 1989).

CHRISTIE RAVENNE

Gérer les tournants de carrière (1re édition 1988).
Les nouvelles missions du management. Adaptation et flexibilité (1re édition 1988).
Rechercher et innover en groupe. Méthodes à l'usage des groupes d'amélioration de la qualité (2e édition 1991).

GUY SABON ET JEAN-MARIE JIVEL

L'entretien de recrutement. Des outils et des méthodes pour mieux recruter (1re édition 1993).

CHANTAL SELVA

La Programmation Neuro-Linguistique appliquée à la négociation (3e édition 1994).

CHANTAL SELVA ET GUY MISSOUM

Savoir définir et gérer ses objectifs. Une stratégie de la réussite (2re édition 1993).

LOUIS TIMBAL-DUCLAUX

La communication écrite, scientifique et technique. Qualité et lisibilité (1re édition 1991).
L'expression écrite. Ecrire pour communiquer (5e édition 1991).

ARLETTE YATCHINOVSKY ET PIERRE MICHARD

Le bilan personnel et professionnel. Instrument de management. (3e édition 1994).

HORS COLLECTION

L'HOMME ET SES POTENTIALITÉS.

ÉTUDES EN HOMMAGE À ROGER MUCCHIELLI.

Textes réunis par Arlette Mucchielli et Alexandre Vexliard, Paris, 1984.

TABLE DES MATIERES

INTRODUCTION ....

EXPOSÉ 1 : LES PROBLÈMES PSYCHOLOGIQUES POSÉS PAR LA CONDUITE DES RÉUNIONS ET PAR LA PARTICIPATION.

Chap. 1. Difficultés des conducteurs de réunions avant toute formation 5
Chap. 2. Les attitudes habituelles des « participants » .. 8
Chap. 3. Classification des réunions et des rôles de conducteurs 10
Chap. 4. La participation, facteur essentiel de fécondité des réunions 15

EXPOSÉ 2 : PARLER A UN PUBLIC.

Chap. 1. Parler à la foule ou à une masse 23
Chap. 2. Parler à un auditoire 27
Chap. 3. Les réunions d'information descendante 31

EXPOSÉ 3 : ANIMER UN GRAND GROUPE.

Chap. 1. Faire participer l'auditoire 35
Chap. 2. L'animation directe active des groupes moyens .. 40
Chap. 3. La conduite des sessions de perfectionnement ou de formation 43

EXPOSÉ 4 : LES RÉUNIONS DE GROUPES DE CRÉATIVITÉ

Chap. 1. Indications et conditions de réalisation du brainstorming 50
Chap. 2. La conduite du brainstorming 54
Chap. 3. L'exploitation des résultats 57
Chap. 4. Les groupes de résolutions de problèmes et de conflits 58

EXPOSÉ 5 : LA CONDUITE DES RÉUNIONS DE PETITS GROUPES.

Chap. 1. La conduite des réunions-discussions 62
Chap. 2. La conduite des réunions d'information ascendante ou interviews de groupe 68
Chap. 3. L'évaluation des réunions 73
Chap. 4. La rédaction du compte rendu des réunions 76

EXPOSÉ 6 : LES RÉUNIONS DE CONCERTATION ET DE NÉGOCIATION.

Chap. 1. Les formes de la concertation 78
Chap. 2. La conduite des réunions de concertation 80
Chap. 3. La conduite des réunions de confrontation 86
Chap. 4. La conduite des réunions de négociation 89

CONCLUSION GÉNÉRALE 95
ANNEXES 96
BIBLIOGRAPHIE 100
LEXIQUE 103
INDEX 110

INTRODUCTION

LA cité moderne est pleine de réunions.

Conférences, dîners-débats, rencontres, carrefours, tables rondes, clubs et ciné-clubs, meetings, réunions de travail, commissions, comités, conseils, assemblées, groupes de décision, groupes de formation, séminaires et sessions,... tous nos loisirs, notre vie civique, notre vie sociale, notre vie professionnelle sont envahis par des appels à participer à des réunions, à les organiser ou à les diriger.

Au niveau de nos institutions, l'Autorité s'exerce à partir de multiples instances collégiales qui se répercutent en cascade depuis les réunions de responsables au sommet jusqu'au plus petit groupe que rassemble un chef d'équipe pour l'organisation et la distribution du travail quotidien.

Il serait illusoire de voir dans ce phénomène une excroissance déplorable de la vie moderne. La tribu la plus archaïque a son grand Conseil des Anciens, son Tribunal, la harangue périodique de son Chef entouré de ses Conseillers, et ses continuelles palabres.

Tout organisme social a besoin de la participation active de ses membres, pour exister et pour s'accroître. La « réunion » est un fait social fondamental. L'isolement dissocie par définition.

Cette nécessité et cette généralité de la réunion, des groupes de discussion, de travail, d'information ascendante ou descendante, d'organisation, de formation ou de décision,... rendent encore plus pénible la constatation de la stérilité de nombreuses séances auxquelles chacun de nous passe des heures de sa vie.

Et voilà qu'aujourd'hui, on nous parle de participation, on prêche la concertation, on valorise la co-décision. C'est peut-être mettre la charrue devant les bœufs que d'investir tant d'espoir et tant d'argent dans des groupes et les réunions de groupe sans s'être assuré de la capacité des gens à travailler en groupe, sans avoir « poussé » la formation à la participation et au travail en commission.

La connaissance des conditions d'efficacité et des méthodes semble ici, plus qu'ailleurs, urgente et indispensable.

Premier Exposé

LES PROBLEMES PSYCHOLOGIQUES POSES PAR LA CONDUITE DES REUNIONS ET PAR LA PARTICIPATION

Se perfectionner dans la conduite des réunions et dans la participation est plus qu'une exigence du travail quotidien, c'est potentialiser notre personnalité, c'est-à-dire augmenter le dynamisme et l'efficacité de notre propre personne, mais ceci exige de dépasser certaines difficultés et certaines habitudes.

1 *Difficultés des conducteurs de réunions avant toute formation*

Il est sans doute exagéré de dire « avant toute formation » parce que les responsables de réunions, même sans entraînement spécialisé, ont acquis des habitudes, empiriquement,... et, par leur participation à d'autres réunions, ont eu l'occasion de prendre *modèle* sur certains présidents ou animateurs.

De plus, lorsque les groupes qu'ils ont à diriger sont régulièrement réunis, la « situation de réunion » devient familière, et les échanges sont faciles, ce qui tend à faire oublier les problèmes posés par la conduite de réunions s'ils avaient soudain à faire face à des conditions nouvelles.

Les difficultés, qui peuvent toujours surgir, proviennent de plusieurs sources, qui souvent interfèrent entre elles.

■ LE SOUCI DE LA RATIONALISATION DU TRAVAIL.

Les responsables ont tendance à croire que les réunions ne sont efficaces que : 1) s'il y a un président de séance, rôle statutaire ; 2) s'il y a un ordre du jour dont les points successifs exigent le même genre de discussion ; 3) si on évite de mêler des questions de personnes aux problèmes à traiter.

Comme le dit très justement Chris ARGYRIS (in *Participation et Organisation,* Ed. Dunod, 1970, pp. 130-134), il y a là un *a priori* consistant à transférer dans les réunions de groupe les valeurs de l'organisation pyramidale (et spécialement la crainte des spontanéités personnelles), et cela active les mécanismes de défense, les comportements stéréotypés, les rapports hiérarchiques extérieurs, tous facteurs de stérilisation de la participation libre et animée. Les tensions sont réprimées et les décision prises ne résolvent pas les problèmes, pas plus qu'elles n' « engagent » les participants quant aux « suites » à donner aux décisions.

■ LE RECOURS AU STATUT EXTÉRIEUR.

Le sentiment de responsabilité personnelle dans le fonctionnement et dans l'efficacité du groupe accentue, chez le conducteur de la réunion, une crainte plus profonde devant le groupe comme tel. Le conducteur sent à la fois que le groupe *attend* quelque chose de lui et que le groupe va le juger. Il se sent « à découvert » et en danger.

Sa ressource habituelle est de *se raccrocher à son propre statut social,* et sa méthode (ou prétendue telle) consiste à transposer dans la situation de réunion, son style habituel de commandement et de relations humaines.

Par là il retrouve une aisance de façade et il se donne généralement le droit d'accuser le groupe d'incapacité si les objectifs de la réunion ne sont pas atteints.

■ L'IMPOSSIBILITÉ DE CHANGER DE ROLE.

La méconnaissance des techniques spéciales et différenciées de la conduite de réunion, méconnaissance liée à l'ignorance des genres (donc à l'impossibilité de les repérer), accentue le recours au style habituel statutaire.

Ces responsables ne disposent ainsi que d'un seul rôle. A cela s'ajoute *la peur du changement,* phénomène non conscient, généralement traduit par d'excellentes justifications rationnelles, et solidaire d'une *résistance au changement* (peur d'être dépossédé du statut habituel et donc de perdre l'autorité).

■ LA MEFIANCE ENVERS LES GROUPES EN GÉNÉRAL*.

Une philosophie implicite existe souvent aussi, dans la pensée secrète des responsables (à tous les échelons), concernant le groupe et la valeur du groupe comme moyen de travail. Si l'on tire au clair ces sentiments, ils aboutissent à des affirmations accusatrices (qui passent pour être des arguments) :

---

* Cf. le texte humoristique de Pierre DANINOS, ci-dessous partie Applications pratiques, page 48.

• « *Le groupe tue la personnalité dans ce qu'elle a de dynamique et de créateur* ». Le génie personnel serait étouffé par la participation à un groupe, parce que le groupe ne peut se mettre d'accord que sur des « positions moyennes », c'est-à-dire « médiocres », et récompense le conformisme.

• « *Le groupe tue la responsabilité* ». Une décision prise par un groupe se trouve investie d'une autorité qui n'est assortie de la responsabilité de personne.

• « *Le groupe est stérile* ». Le groupe est tenu pour impuissant, n'en finissant plus de discuter, trouvant toujours parmi ses membres, le pointilleux qui s'embarrasse d'un détail, le scrupuleux qui fait des réserves, l'esprit lent qui redemande des explications ou l'ergoteur qui fait obstruction. *La passivité des autres* rend exaspérante toute réunion.

• « *Le groupe est lent* ». Non seulement il est stérilisant et stérile, mais il est de plus consommateur de temps. La résolution de problèmes simples qui seraient réglés en cinq minutes par un individu normalement intelligent, exige, dit-on, une heure si on soumet le problème à un groupe de 6 personnes et 6 heures à un groupe de 25.

■ LES ATTITUDES HABITUELLES DE COMPENSATION.

• *Le recours au système d'autorité*. Le président de la réunion se drape dans son statut hiérarchique et impose au groupe une discipline vigoureuse. Il « consulte » les uns et les autres un peu pour la forme, manifeste une auguste impatience lorsque « les choses traînent », et propose ses conclusions ou ses décisions sur les différents points de l'ordre du jour.

• *Le souci de convaincre ou de haranguer le groupe*. En se faisant plus « démocratique » (pense-t-il), le président cesse d'imposer et tente de convaincre. S'appuyant sur la partie amorphe et passive du groupe, il discute ferme avec certains membres, instaurant ainsi une succession de joutes oratoires.

• *La lutte sournoise contre le groupe*. Considérant le groupe comme un ennemi subtil, le président remplace le jeu du prestige par la stratégie et la manœuvre. Il utilise alors divers procédés : « laisser pourrir » le problème, « jouer la montre » et enlever in extremis les décisions en comptant sur la lassitude ou la hâte d'épuiser l'ordre du jour,... utiliser des alliés sûrs placés dans le groupe,... préparer la réunion par des entretiens « de couloir »,... « manipuler » le groupe pour aboutir à ce qu'il veut, etc...

• *La recherche de recettes et de techniques* pour tirer quelque chose des réunions, « puisqu'on est obligé de faire des réunions ». Les systèmes précédents ne réussissent pas toujours. L'expérience sincère impose la réalité du groupe comme un fait humain particulier qu'il s'agit de contrôler intelligemment. L'idée qu'il doit y avoir « quelque chose à faire » et qu'il faut apprendre à opérer, pousse le responsable à la recherche de recettes, de « ficelles », d'un « mode d'emploi ». De là le succès du T.W.I. (Training within Industry) qui propose des modèles de conduite de réunion véritables *vade-mecum* sur cartons numérotés, prévoyant les divers cas et les « conduites à tenir » avec « fautes à éviter » *.

---

* Cf. *La formation par les méthodes T.W.I., O.M., S.O.R.A.*, Séminaire de Roger BAZIN, paru dans cette collection et contenant les méthodes rationnelles, techniques et recettes de la conduite de réunions.

Mais cette acquisition d'un savoir-faire par recettes mérite d'être enrichie par une connaissance vivante.

Dans la plupart des cas, les chefs, par leur intuition et leurs méthodes empiriques, obtiennent des résultats qui les satisfont. Ils arrivent à neutraliser les « facteurs humains » d'une manière suffisante pour que « la machine tourne » le plus rationnellement possible, ou plutôt le plus conformément possible à leurs idées.

Ils éprouvent cependant les limites de ces différents systèmes lorsque, dans d'autres réunions *où ils sont participants,* ils se rendent compte que beaucoup d'idées potentielles et beaucoup d'énergie virtuelle, latentes dans le groupe, ne sont pas actualisées et donc pas utilisées.

2 *Les attitudes habituelles des « participants » qui ne savent pas ou ne peuvent pas participer*

Les convocations aux nombreuses réunions invitent le plus souvent les personnes désignées à « participer » aux débats, à « prendre part » à la discussion. En fait, la plupart des présents « assistent » mais ne participent pas.

■ LA PEUR DU GROUPE.

Le « mépris » du groupe a pour symétrique la peur du groupe. On a même dit que la peur du groupe était fondamentale, et que le mépris en était une contre-réaction excessive, une agressivité défensive. La peur du groupe paralyse.

• *Elle est associée à l'idée (imaginaire) que le groupe est comme un gros animal dont la puissance effraie à l'avance.* Comme si « tous les autres » formaient *ensemble* un seul corps, chacun éprouve son infériorité physique. On craint les « réactions du groupe ».

• *Elle est associée à la peur du jugement.* Chacun a l'impression d'être sous le regard de très nombreux yeux et redoute d'attirer sur lui l'attention convergente des autres. Dès que quelqu'un est en groupe, il se fait « une idée de l'idée des autres à son égard » et cette supposition — toujours présente — préoccupe, parfois inquiète. (Suis-je accepté ? Me trouve-t-on sympathique ? Je risque de paraître stupide si je donne spontanément mes idées !...) On se met plus ou moins sur la défensive (« qu'un autre s'engage, pas moi !...). Les *défenses sociales* (qui sont décrites ailleurs *) sont en alerte en vue de l'auto-protection. La tension augmente brusquement si l'on *doit* parler.

• *Elle est inversement proportionnelle au statut social dont on jouit.* Plus le « participant » se sent d'un statut social inférieur par rapport aux autres, plus il a de difficultés à participer. Dans un groupe institutionnel, les *distances sociales* jouent à plein et les différences de statuts correspondent au « droit » de plus ou moins grande participation,... droit que s'attribue ou dont se prive l'individu lui-même.

■ LA TENDANCE AU CONFORMISME.

La connaissance, par chacun, de l'opinion dominante du groupe, agit comme un aimant sur les opinions individuelles, sauf si l'individu choisit de s'enfermer volontairement dans une opposition systématique. Dans une structure très conventionnelle et très formelle, l'opinion de ceux qui ont un statut social jugé supérieur constitue l'opinion dominante, par le fait même que l'égalité de participation est abolie.

On se rallie pour ne pas être opposant (ou alors on est ouvertement agressif) et pour ne pas être rejeté (peur du rejet social). Cf. séminaire *La Dynamique des groupes,* sur la pression de conformité.

■ L'ÉVITEMENT DES TENSIONS ET LES FAUSSES IDÉES SUR LE TRAVAIL EN GROUPE.

Les participants, ordinairement, craignent les tensions internes qui pourraient survenir. Ceci est le symétrique du souci de rationalisation chez les conducteurs de réunions. Les participants s'imaginent que toute tension est négative ; ils évitent de donner leurs opinions personnelles divergentes et cherchent à « se rallier » à telle ou telle opinion émise, de façon à faire l'accord. Rares sont ceux qui savent que *les idées du groupe* (dans une réunion bien conduite et efficace) *ne sont pas les idées imposées par une personnalité dominante ou auxquelles on se rallie, mais des idées originales et nouvelles nées de la confrontation et de l'opposition des points de vue personnels.*

Il est vrai que trois conditions sont requises *en chaque participant* pour ce fonctionnement optimum : 1) donner son opinion personnelle subjective (aliment de la discussion) ; 2) écouter les opinions des autres ; 3) pouvoir mobiliser son propre système d'opinions pour intégrer les informations ainsi reçues et participer à la recherche d'une solution commune. Et ces trois conditions sont bien rarement réunies.

■ LA BAISSE DE SPONTANÉITÉ.

Le résultat de tous ces facteurs est la diminution du volume de la participation, par méconnaissance du rôle même de *participant.* Les « débats » du groupe se limitent alors à des échanges entre quelques-uns, les uns à fort statut social, les autres exhibitionnistes, d'autres encore opposants systématiques.

---

* Cf. le séminaire *Les réactions de défense dans les relations interpersonnelles,* séminaire publié dans cette Collection.

■ L'EXPERIENCE PENIBLE DES DIFFICULTES DE COMMUNICATION.

On se plaint de n'être pas compris, de ne pouvoir même parfois se faire entendre. L'incompréhension dont on est victime décourage et l'on s'en prend... à la réalité du groupe (« il n'y a rien à faire avec ce groupe »...), au responsable (« le président ne préside pas »...), à tel ou tel bouc émissaire (« il n'y a que lui qui parle »...), à soi...

Et cependant, lorsqu'on sort d'une réunion décevante et que l'on discute *informellement, c'est-à-dire librement, à l'extérieur de la salle,* au cours d'une pause ou après la fin de la réunion, on se rend compte que la vraie réunion commence. Chacun se met à participer activement. Tout s'éteint lorsqu'on réintègre le lieu officiel des séances.

Où passe le dynamisme du groupe, un instant éveillé ? Pourquoi ne pourrait-on pas le capter et l'utiliser au bénéfice des objectifs de la réunion ? Jusqu'où irait le groupe si son énergie était utilisée ?

3 *Classification des réunions et des rôles de conducteurs*

La première responsabilité du conducteur d'une réunion quelconque est de savoir *quel genre de réunion* il doit conduire. Cette détermination n'a rien d'une simple satisfaction intellectuelle ; elle seule permet de définir le *rôle correspondant,* et donc de pouvoir le jouer, du moins d'en avoir une représentation exacte.

Mélanger les genres, pour un responsable de réunions, ne pas distinguer les différents rôles, c'est comme s'il voulait conduire successivement un avion, un planeur, une locomotive et une automobile avec le même système de réflexes.

Il faut donc connaître la CLASSIFICATION DES GENRES DE REUNIONS, pour différencier chaque fois le rôle à assumer.

Commençons par définir les dix grands genres avant de donner toutes les informations utiles sur la façon de les conduire.

■ LES MEETINGS ET LES REUNIONS DE MASSE.

Ces réunions rassemblent un vaste groupe caractérisé :

— par sa taille (de 500 à plusieurs milliers de personnes) ;
— par les circonstances du rassemblement (situation générale, spa tiale, temporelle, historique,... ambiance globale...) ;

— par son recrutement large, indifférencié, mêlé ;
— par l'orientation collective des sentiments, des valeurs, et des *attentes* qui correspondent à ces sentiments et à ces valeurs ;
— par des réactions spécifiques qui relèvent de ce qu'on appelle la psychologie des foules.

Conduire un meeting, c'est prendre le rôle du *meneur* ou du *tribun*.

■ LES PUBLICS ET AUDITOIRES.

Ces réunions rassemblent des groupes dits « moyens » (de 30 à 500 personnes) et se distinguent des précédents davantage par la structure dite « formelle » (institutionnalisée, comportant un filtrage ou une sélection de l'assistance) que par le nombre. Cependant, au-dessus de 200 personnes, des réactions de foule peuvent se produire à la moindre occasion.

Le responsable (orateur, conférencier) a un *rôle d'information* ou de démonstration, parfois un rôle pédagogique, mais n'appartient pas au groupe lui-même ; il lui est en quelque sorte « extérieur » (c'est pourquoi, habituellement, quelqu'un du groupe « présente » le conférencier).

■ LES GROUPES MOYENS A ANIMER, tels que discussions de Ciné-Club, débat ouvert dans une Assemblée, etc.

Le conducteur est alors un *animateur* au sens plein du terme, c'est-à-dire celui qui donne vie au groupe et qui le fait passer de l'inanimé (passivité, apathie) à l'animé, sans tomber dans le chaos ni le brouhaha.

■ LES RÉUNIONS D'INFORMATION DESCENDANTE.

Elles mettent en présence d'un auditoire, comme dans les conférences publiques, un *orateur* chargé de l'*exposé d'information*. Mais à la différence des réunions à public ou auditoire, l'orateur fait partie, ici, d'une manière ou d'une autre, du groupe auquel il s'adresse.

On distingue plusieurs variétés :

● *La réunion d'information simple*. Le détenteur de l'information l'expose : bilan, exposé d'une technique nouvelle, rapport d'enquêtes extérieures ou de voyage, présentation de documents commentés. Le public de ce genre de réunion est fait des personnes intéressées ou concernées. Il peut être peu nombreux (ainsi le Bureau d'une Association ou d'un Parti) ou assez grand (ainsi les Assemblées Générales ou les « Conventions » d'Entreprise).

● *Le briefing*. Réunion d'information préliminaire à une opération à laquelle vont participer de manière personnelle et active les membres du groupe qui reçoit cette information. Il ne s'agit plus seulement d'une connaissance documentaire, mais de la compréhension d'une mission personnelle dans le cadre d'une mission générale imminente.

• *L'exposé de décisions* qui ressemble à l'information simple mais qui *implique* davantage les auditeurs. Exemple : exposé sur la modification du régime de travail, information sur de nouvelles mesures prises par la direction, compte rendu (à un groupe) des décisions prises par un échelon supérieur et entrant en application dans leur secteur. Ainsi, par exemple, après une série d'interviews ou de *consultations*, le responsable expose sa décision, la commente pour convaincre.

• *La réunion de contre-information.* Elle fait partie d'une opération anti-rumeur (cf. Séminaire *Communication et réseaux de communications*) et cherche à opposer une information vraie (formelle, officielle) à des rumeurs non fondées.

• *La réunion de feed-back d'une information ascendante.* Elle consiste à rendre compte à un groupe, des résultats d'une enquête, d'interviews ou de sondages d'opinions, effectués antérieurement sur ce groupe ou sur un groupe plus large *auquel les auditeurs actuels appartiennent.*

Caractères communs aux réunions d'information descendante. Si on utilise ce moyen au lieu d'expédier une note d'information, c'est que l'on veut s'assurer d'avoir été entendu et compris.

L'exposé lui-même doit obéir aux lois de la « parole en public » (cf. Exposé 2) et être suivi d'une phase d'échanges (feed-back) pour rectifier les erreurs, répondre aux questions et préciser certains aspects.

■ LES REUNIONS D'INFORMATION ASCENDANTE OU INTERVIEWS DE GROUPE.

Elles ont en commun de rechercher et recueillir des informations en interrogeant un groupe.

On peut définir plusieurs variétés :

• *La réunion d'information ascendante proprement dite.* Malheureusement trop peu connu et trop rarement mis en œuvre dans les Entreprises et les Services, ce type de réunion a pour but de recueillir des informations de la part des personnes qui les détiennent ou qui sont *dans* la situation. Il permet de savoir et de comprendre « ce qui se passe ». Ces réunions ont des effets psychologiques importants :

— elles améliorent les communications ;
— elles diminuent les distances et les tensions internes ;
— elles augmentent le moral du groupe interrogé ;
— et de plus elles apportent des informations nécessaires à la prise rationnelle de décisions.

• *L'enquête de motivation* (menée sur un groupe représentatif d'une population d'enquête). La réunion de ce type cherche à sonder les opinions, les attitudes, les besoins, les attentes du groupe interrogé.

• *L'interview de groupe* (à laquelle est consacré un séminaire entier portant ce titre) est une application, au groupe, des techniques de l'interview avec des modifications méthodologiques appropriées.

• *Les phases de résolution des tensions négatives au cours d'une réunion quelconque de groupe restreint.* Dans ce cas, quels que soient le genre de réunion et les objectifs, l'animateur interrompt le cours normal de la discussion et fait une interview de groupe pour élucider ce qui empêche le groupe de progresser.

Caractères communs aux réunions d'information ascendante :

— le conducteur de la réunion est *l'interviewer du groupe ;*

— le groupe est un groupe restreint (5 à 10 membres) et exceptionnellement un groupe plus important (10 à 30).

A la différence des réunions-discussions (que nous verrons ci-dessous), le sujet de la discussion concerne ici l'existence du groupe ou ses activités propres. Le thème est « intérieur » au groupe interrogé, fait partie de son vécu quotidien. De ce fait la technique de conduite de ces réunions est spécifique.

■ LES RÉUNIONS-DISCUSSIONS.

Elles se diversifient par leurs objets plus que par les méthodes de conduite. Le conducteur est *animateur* ou *régulateur* *.

Dans tous les cas, il s'agit d'une discussion aboutissant, soit à des décisions ou à des résolutions, soit à des conclusions par rapport à un sujet ou thème. Cette discussion réunit un groupe restreint.

Elles se subdivisent en plusieurs variétés :

● *Les réunions-discussions à thème,* genre « débat sur un sujet donné », « préparation d'un exposé ou d'un article en équipe », « table ronde » sur un thème annoncé.

● *Les discussions-préliminaires.* Ce sont des réunions-discussions qui, contrairement à l'habitude selon laquelle la discussion *suit* l'exposé, la conférence ou le cours,... sont organisées *avant* l'information magistrale. Ce système est déjà une méthode de formation dans la mesure où l'on cherche, par la discussion préliminaire :

— d'une part à faire s'exprimer les préjugés, les *a priori,* les notions fausses sur le sujet,

— d'autre part à « sensibiliser le groupe » et à le « motiver » pour que (par la création d'attentes, de besoin de savoir, et par la stimulation de l'attention) l'assimilation de l'information ultérieure soit meilleure.

● *Les commissions de travail* qui peuvent être préparatoires à une décision ultérieure ou elles-mêmes postérieures à des réunions d'information à partir desquelles il faut étudier certaines questions.

■ LES RÉUNIONS D'ÉCHANGES ET DE DÉCISION.

Un séminaire entier (celui de Pierre LEBEL, *Pratique de la concertation et des réunions d'échanges,* paru dans cette collection) est consacré à ce genre de réunions.

---

* Le mot de « modérateur » utilisé dans les Congrès ou les Tables rondes, ne veut rien dire. Il est le substitut masqué du rôle de président de séance, et n'a qu'une valeur honorifique. C'est bien dommage !

Nous distinguerons :

● *Les réunions d'échanges,* à but d'information réciproque et de réflexion sur un problème commun aux participants.

● *Les groupes de concertation* pour résolution commune, ou *de décision* dont les conclusions sont alors des décisions après discussions, la solution ou la décision s'élaborant au cours d'un débat où sont analysés les points de vue et les diverses informations.

● *Les jurys* sont à assimiler à des groupes de décision et de résolution de problème lorsque les problèmes sont des cas humains individuels et lorsque la décision qui suit le débat (lequel s'appelle alors délibération) est une sanction, une récompense ou d'une manière générale un jugement.

■ **LES RÉUNIONS DE NÉGOCIATION.**

Dans ces réunions, des sous-groupes d'opinions divergentes sont réunis en vue d'une *confrontation des points de vue, confrontation suivie* d'une *médiation* ou d'une *négociation.* Le conducteur est un *arbitre accepté* ou un *médiateur* dans le premier cas. Dans la négociation, les processus sont plus complexes et nous y reviendrons ci-dessous.

■ **LES RÉUNIONS DE GROUPE A OBJECTIF DE FORMATION.**

Dans ce cas, l'animateur a un rôle pédagogique nouveau. bien différent de celui du *magister* autocratique ; il a pour rôle d'utiliser l'énergie du groupe et sa dynamique dans le but de faire circuler les informations détenues par chacun, de faire progresser chacun vers des attitudes de participation sociale positive, de faire progresser le groupe vers ses objectifs propres tels qu'ils sont définis par la Formation projetée (cf. sur ces questions le fascicule *Les méthodes actives dans la pédagogie des adultes*).

De nombreuses variétés entrent dans cette catégorie de réunions de groupes restreints :

— Les études de cas (cf. *La méthode des cas*).

— Les séances pédagogiques avec support audio-visuel (Cf. le séminaire *Audio-visuel et pédagogie,* de Pierre LEBEL, paru dans cette collection).

— Les formations dites « de participation » où l'animateur fait seulement circuler et assimiler les connaissances et les acquisitions expérientielles des participants, méthode qui, à la limite et avec des adultes, tend vers l'organisation des groupes en auto-formation (sans moniteur).

— Les « groupes de formation » dont la limite est le T-group (cf. le séminaire *La dynamique des groupes,* pages 79 à 86 de la 9e édition).

■ **LES GROUPES DE CRÉATIVITÉ.**

Ces groupes sont réunis en vue de *résoudre des problèmes* *. Ce sont des groupes restreints qui ont généralement reçu un entraînement spécial. On distingue :

---

* Vous avez vu, dans le séminaire *La résolution de problème,* de Michel FUSTIER, les conditions et les méthodes de ce genre de réunions.

— les groupes de résolution de problème et de conflit,

— le Brainstorming, réunion d'un groupe restreint (8 à 10 personnes) opérant, comme le nom l'indique, un « assaut de cerveaux », ou « assaut d'idées » pour trouver des solutions neuves et originales à un problème bien posé.

La technique de la conduite des groupes de créativité est très particulière, et *l'animateur* doit appliquer des règles strictes. Nous consacrons à ce genre de réunion, spécialement au *brainstorming,* un exposé et des exercices pratiques particuliers.

4 *La participation, facteur essentiel de fécondité des réunions*

La participation active des membres du groupe dépend, à des degrés variables, de 5 groupes de conditions :

— les conditions de nombre ;

— le degré de « maturité » du groupe, auquel est lié le degré de richesse des échanges ;

— les conditions matérielles proprement dites ;

— le moral du groupe ;

— la qualité de la conduite de la réunion par son président ou son animateur.

■ LE NOMBRE.

Les recherches expérimentales modernes sur les groupes ont prouvé qu'un optimum d'échanges et de relations est atteint pour un nombre allant de 5 à 10.

Le groupe de 5 à 10 membres serait pour ainsi dire la cellule sociologique de base qui serait douée des propriétés de tout groupe (existence comme groupe et par là différent de la somme des personnes qui le composent, dynamisme propre, inter-relations des membres) tout en ayant la *possibilité* de réaliser l'unité, de régler et de traiter ses difficultés internes et de « fonctionner » au niveau de la réflexion en commun, de la manière la plus rapide et la plus efficace, s'il est bien « conduit ».

On mesure l'intérêt considérable de cette découverte, qui eut lieu historiquement vers 1935 et à laquelle sont attachés les noms de LEWIN et de MORENO.

- *Pourquoi de 5 à 10 ?* Les expériences ont prouvé que :

— Le groupe de 3 ou 4 membres est pauvre comme réalité sociale. Les relations qui s'établissent dépendent grandement des personnes et de leur influence individuelle sur chacune des autres. Le groupe comme tel n'existe pas en face de chaque membre.

— Le groupe supérieur à 10 membres tend à se fractionner en sous-groupes. Cette tendance peut être combattue lorsque le chiffre atteint 10 à 12, mais devient de plus en plus forte. La structuration autoritaire ou formelle paraît alors nécessaire, pour éviter l'émiettement, mais elle supprime le groupe comme réalité créatrice.

— Entre 5 à 10 membres (avec un optimum de 6 à 8 participants, l'animateur étant en plus) il y a le meilleur équilibre possible entre le dynamisme du groupe, le temps de production et la richesse de cette production.

- *En application immédiate,* on peut prévoir d'une part la relative pauvreté des groupes de 3 ou 4 membres en ce qui concerne le dynamisme... et d'autre part la relative stérilité des groupes de plus de 10 personnes *lorsqu'il s'agit de groupes de réflexion,* car ils deviennent lourds, lents, ou se fractionnent spontanément.

Entre ces deux extrêmes, dans lesquels sombre également la valeur créatrice du groupe, les groupes restreints apparaissent comme détenant un potentiel remarquable.

■ LE DEGRÉ DE « MATURITÉ » DU GROUPE.

L'étude des phénomènes liés au degré de maturité du groupe fait partie de la *Dynamique des groupes* (cf. séminaire spécial). Elle nous intéresse ici dans la mesure où la *participation* est étroitement relative au degré de maturité.

- *Les étapes du développement affectif d'un groupe.* Une réunion de personnes adultes, pouvant individuellement prétendre être « mûres » sur le plan affectif, ne constitue pas automatiquement un groupe objectif et affectivement mûr.

Au départ même, il n'y a pas encore de « groupe » proprement dit, quoiqu'il y ait des personnes siégeant ensemble. Le groupe se constitue et mûrit au cours d'un lent travail interne par étapes. L'étude des groupes expérimentaux a permis de définir ces étapes.

N.B. — *Les étapes ci-dessous analysées peuvent servir de critères pour « mesurer » le niveau de maturité d'un groupe donné.*

Etape 1 : Etablissement de la sécurité dans la situation globale et dans l'être-en-groupe.

Avant même de chercher à connaître ses partenaires, chaque membre du groupe doit assurer une sécurité fondamentale contre un sentiment primordial *d'insécurité* proportionnel à l'incertitude de la situation et à sa crainte du groupe comme tel. De même que le « nouveau » qui débarque dans un groupe est plutôt inhibé et méfiant, de même tous les membres d'un groupe ont d'abord à « s'installer dans la situation » et à dépasser une première inhibition.

Etape 2 : Etablissement de la confiance interpersonnelle.

Développement de la relation et des communication dans le but ouvert ou caché de *se connaître.* Evaluation du degré de sincérité, d'authenticité des « autres » (par rapport aux « masques » sociaux), nécessaire à la confiance, et permettant la spontanéité de chacun.

Etape 3 : Développement de la participation, ou tout au moins d'un degré et d'une qualité de la participation nécessaire et suffisante pour le fonctionnement du groupe. Ceci exige :

1° la sécurité, la confiance et la spontanéité, déjà établies par les étapes antérieures ;

2° une connaissance et un ajustement des objectifs personnels respectifs ;

3° enfin la conscience claire de la différence qu'il y a entre la participation comme *coopération* (travailler ensemble) et l'accord verbal, même unanime.

Etape 4 : Structuration autonome du groupe. Le groupe mesure sa marge de liberté et de responsabilité comme groupe par rapport aux structures extérieures et aux contraintes de la situation. Il définit les rôles en son sein par rapport aux aptitudes de ses membres et examine le problème de sa propre structure interne.

Etape 5 : Auto-régulation du fonctionnement du groupe.

A cette étape le groupe est capable de choisir ses procédures et ses voies pour atteindre ses objectifs. Il est capable de mesurer sa progression et de régler lui-même ses tensions éventuelles.

- *La participation croît avec le degré de maturité du groupe.*

A la lumière des données de la psychologie, nous devons considérer le groupe comme un organisme autonome dont nous venons de voir les stades de croissance. Cette évolution est *absolument indépendante* du degré de maturité individuelle auquel chaque participant, se considérant isolément, peut prétendre.

Le niveau, l'intensité et la fécondité des échanges sont relatifs au degré de « maturité » atteint par le groupe comme tel.

La participation ne commence vraiment qu'à l'étape 3. La plupart des comités, commissions, réunions de groupe institutionnelles ne dépassent malheureusement pas l'étape 2. Par là ces groupes font la preuve qu'ils n'existent pas comme groupes,... qu'ils ne sont que le reflet de structures sociales extérieures au groupe comme tel, inhibant son existence autant que son unité créatrice.

C'est *la participation* qui assure la coopération et les échanges, et donc qui féconde le dynamisme latent du groupe.

Elle n'existe que lorsque sont dépassés les problèmes posés par :

— la définition des objectifs communs (et de l'idéologie du groupe), fondement de la volonté d'être-là :

— l'interconnaissance ;

— la confiance mutuelle (au-delà des masques sociaux) ;

— la communication (inter-compréhension des messages émis, acceptation de chacun par chacun) ;

— l'ajustement des objectifs et des attentes de chacun dans le groupe ;

— l'égalité de droit des « participants » à participer.

La participation se réalise pleinement et se mesure par le nombre et la valeur des *interactions.*

● *La notion d'interaction.*

1° Une interaction est d'abord *un échange* entre membres du groupe, ou entre un membre et le groupe entier. Elle suppose une *communication interpersonnelle.* Processus social de base, l'interaction est un phénomène vital pour un groupe. S'il n'y a que peu d'échanges, avec de longs silences, ou des initiatives qui « tombent à plat » et ne suscitent aucune réaction, le groupe n'est pas très « vivant », au sens propre du mot.

Les interactions peuvent être vives, bruyantes, nombreuses entre *deux* membres du groupe, ce qui suffit parfois à emplir le temps d'une séance de travail, les autres assistant, muets, au duel oratoire. L'échange est riche entre deux individus, mais *le groupe* est mort, il n'est plus que le public passif d'un duo (ou d'un trio ou de la joute oratoire entre deux « ténors »).

2° *L'interaction est l'unité de mesure de la participation.*

Action-réaction, intervention-réponse, « giving to and taking from » (donner-recevoir), l'interaction devient l'unité de mesure de la participation. Augmenter la participation consistera, pour l'animateur, à provoquer les interactions.

Soulignons déjà (nous y reviendrons ci-dessous) que l'opération d'intensification des interactions, pour augmenter la participation, consiste, de la part de l'animateur, non pas à multiplier les petits dialogues entre chacun des participants et lui-même, mais à intensifier les échanges des membres *entre eux.*

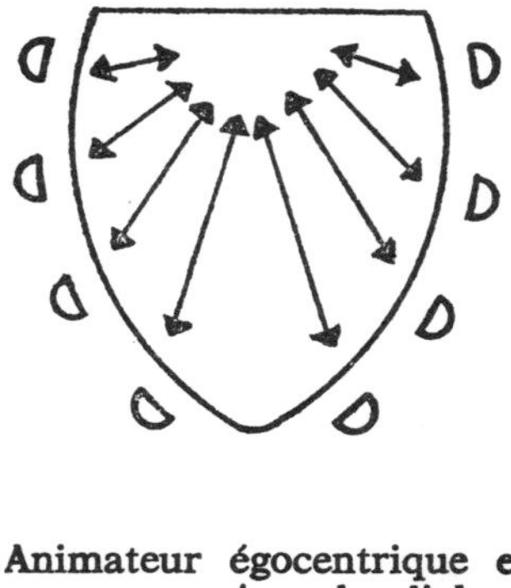

Animateur égocentrique engageant une succession de dialogues avec les membres du groupe.

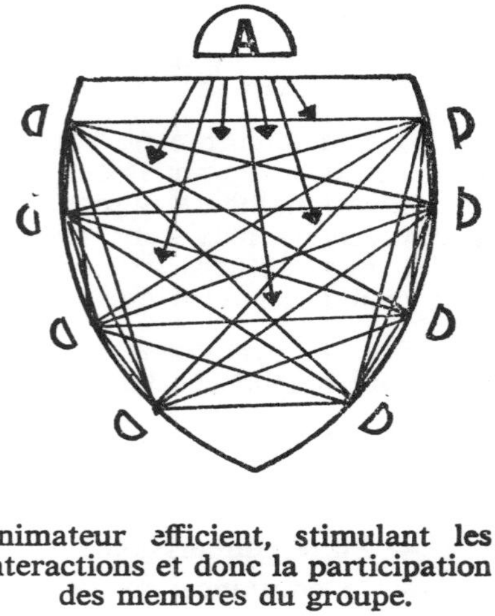

Animateur efficient, stimulant les interactions et donc la participation des membres du groupe.

3° *L'interaction a une qualité différente selon les niveaux de maturité du groupe.*

Elle peut servir à des « règlements de comptes » et à des « oppositions systématiques ». Au niveau suffisant de maturité (participation égalitaire et intercompréhension), elle est le levier de l'efficacité et de la créativité du groupe. En effet, elle consiste alors en une *stimulation* de la réflexion de chacun par les interventions des autres.

● *Valeur des interactions.*

Les interactions représentent la nourriture du groupe. Leur nombre exprime la vie du groupe, mais on est souvent tenté de les éviter dans la mesure où l'on confond interaction et tension négative. Il arrive souvent que des participants s'imaginent que tout désaccord dans le groupe est à craindre et à éviter comme signe indubitable et menaçant, d'un *conflit.*

Il y a en effet des tensions négatives, inhibant le groupe, et les plus dangereuses s'expriment par l'absence des échanges (silences de tension ou de conflit latent). Par crainte de la tension sous toutes ses formes les participants et les animateurs qui commettent cette confusion, recherchent *l'accord à tout prix.* Par là se développe la croyance absurde que le travail d'un groupe est uniquement fait de *concessions individuelles.*

L'affrontement des idées, des opinions, des sentiments, *lorsque le climat de coopération est authentique,* est une tension positive nécessaire au progrès. Cette tension créatrice s'exprime par la richesse et la positivité des interactions, ceci dans un climat de participation égalitaire *de tous* et de co-responsabilité.

Lorsque le groupe est en pleine possession de sa maturité et de son dynamisme, l'interaction aboutit à *une évolution des idées de chacun sous l'effet des idées des autres,* soit dans le sens d'une stimulation, soit dans le sens d'une synthèse, d'un réajustement ou d'un accroissement d'information immédiatement intégrée. Le groupe est alors « germinatif » (on trouve ensemble des idées nouvelles auxquelles personne n'avait pensé et qui sont adoptées par le groupe), ce qui est aux antipodes de ce qui se passe dans des groupes dissociés ou sous-développés, dans lesquels on ne peut arriver, au mieux, qu'à des « avis majoritaires ».

On comprend donc facilement, à la lumière de l'analyse de ces processus, que la *participation comme telle,* lorsqu'elle est positive, puisse avoir un effet sur les personnes (cf. Conclusion).

■ LES CONDITIONS MATÉRIELLES PROPREMENT DITES.

Il ne faut pas sous-estimer l'importance, dans la vie du groupe réuni en séance, de certains facteurs purement matériels en apparence, mais qui ont un retentissement psychologique.

● *La préparation de la réunion :* les informations (convocations, libellé de l'invitation, thèmes prévus) concernant le but de la réunion,... les indications claires, au début de la réunion (et données par le responsable), sur la manière dont il conçoit et jouera son rôle,... favorisent le travail ultérieur.

• *L'ambiance :* la tranquillité, l'absence de perturbations ou de pressions venant de l'extérieur, le confort suffisant, sont des facteurs positifs (et inversement).

• *La durée :* la durée varie avec le genre de réunion. Pour un groupe de travail, le temps normal est de 2 h 30 à 3 heures.

• *La disposition spatiale* joue un grand rôle. Elle facilite ou rend impossibles les communications et les interactions. Il est attristant de constater que dans beaucoup de réunions de comités, on trouve les tables carrées, rectangulaires, en U, en T,... alors que seules les tables rondes ou ovales (ou la disposition en cercle) favorisent les interactions. Une table spéciale (table sociométrique) a été dessinée comme éminemment facilitante de ce point de vue (ovale où la largeur est les sept douzièmes de la longueur et où l'une des « pointes » est coupée pour marquer la place du conducteur, le nombre de places pour les participants étant de 12 maximum) (cf. fig. page 52).

■ LE « MORAL » DU GROUPE.

Un certain nombre de facteurs à ranger dans cette catégorie font partie aussi des facteurs relatifs au degré de maturité du groupe. En effet, le « moral » du groupe varie selon les étapes de sa croissance. Trois facteurs supplémentaires doivent ici être mentionnés :

• *Influence de la situation extérieure au groupe.* Une réunion patronale assiégée par les grévistes,... une Assemblée réunie pendant que la Révolution s'étend,... un Comité convoqué dans l'urgence d'une décision grave,... ou simplement un groupe qui délibère au centre d'un public d'observateurs disposés autour de lui,... autant d'exemples de situation de *pression* pesant sur le moral du groupe.

D'autre part les membres, individuellement, peuvent être (ou se considérer comme) les porte-parole ou les émissaires de groupes *extérieurs* auxquels ils auront à rendre des comptes. Ceci crée autant de *groupes de pression* qui interviennent invisiblement sur les attitudes, sur la participation et sur le moral de l'ensemble.

• *Influence du passé du groupe.* Dans un groupe qui se réunit plusieurs fois, les séances antérieures et ce qui s'y est passé pèsent sur le moral présent. Des séances régulières où l'on a, non moins régulièrement, constaté l'anarchie, le piétinement, l'ennui mortel, l'improductivité, etc..., conditionnent le moral des membres d'une nouvelle séance.

• *Influence de l'image de l'avenir.* Le groupe a ou n'a pas un avenir et cela compte dans la séance. Du même genre est l'idée que l'on se fait des « suites ». Une commission qui a de bonnes raisons de supposer qu'aucune « suite » ne sera donnée à son rapport, à ses décisions, à ses propositions,... a un « moral » plutôt bas, dans la mesure où cela signifie son inutilité, voire son inexistence. De ce point de vue, le compte rendu d'une réunion, le rapport de synthèse, qui représentent une « suite » immédiate, ont un effet favorable sur les membres du groupe. L'absence de cette « trace » élémentaire du travail de groupe agit comme facteur de démoralisation.

■ LA QUALITÉ DE LA CONDUITE DES RÉUNIONS.

Toutes les conditions ci-dessus décrites, conditions de la *participation active* des membres du groupe à la réunion, semblent renvoyer aux personnes qui font partie de la réunion, mais renvoient encore, en fait, au conducteur de la réunion.

C'est lui qui la prévoit, qui l'organise matériellement, qui la prépare. C'est de lui que le groupe attend quelque chose. C'est sa compétence dans la conduite de la réunion qui donnera vie au groupe et efficacité à son travail. C'est donc bien lui *le responsable.*

Puisque nous devons définir chacune des techniques différenciées de conduite de réunion, nous ne donnerons ici que les impératifs majeurs de ses rôles dans leurs rapports avec la participation des membres du groupe.

- *Présence au groupe.* Vigilance à 100 % à l'égard de « ce qui se passe » au niveau socio-affectif et émotionnel du groupe. Perception et diagnostic intérieur permanent des phénomènes psychologiques qui se produisent dans le groupe « ici et maintenant ».

- *Souci de faire progresser le groupe* vers les objectifs propres de la réunion, ce qui implique de la part du responsable-conducteur de la réunion une attention à ces objectifs, à la progression effective du groupe, aux étapes éventuellement de sa maturité (ceci pour les petits groupes), au temps disponible, au degré d'opportunité de ce qu'il dit lui-même, par rapport aux objectifs.

- *Conscience permanente de ses attitudes personnelles.* Le « connais-toi toi-même » est, pour l'animateur, une exigence professionnelle. Ne pas pouvoir ou ne pas savoir évaluer son propre rôle, sa propre attitude, sa propre action, est source de perturbations désastreuses pour le fonctionnement du groupe ou la marche de la réunion.

- *Effort continu pour développer ou maintenir un haut degré de participation.* Au niveau des réunions de grand groupe, des meetings ou des conférences, il s'agira de soutenir l'attention active, de favoriser la compréhension et l'assimilation. Au niveau des petits groupes de travail, il s'agira de développer les interactions.

- *Aptitude à changer de rôle aux moments où il le faut.* Une réunion d'information descendante, au cours de laquelle il faut exposer des instructions et faire comprendre de nouvelles dispositions, ne se conduit pas, par exemple, comme une réunion d'information ascendante, au cours de laquelle il faut interviewer le groupe, ni comme une réunion-discussion où est recherchée une décision, etc... La confusion des rôles, autant que la rigidité dans un rôle unique, est un puissant facteur de stérilisation des réunions que l'on a à conduire.

De plus, il faut savoir que la distinction des genres et la séparation des rôles risquent de constituer à leur tour un facteur de rigidité nouvelle et paradoxale. En effet, *au cours d'une même réunion,* le responsable doit pouvoir passer, selon les opportunités, d'un rôle à un autre. Ainsi par exemple au cours d'une réunion-discussion, il se peut qu'il ait à interrompre les débats pour faire analyser une tension négative. Ceci le transforme en interviewer de groupe *pendant le temps du règlement de cette tension,* donc l'oblige à « rentrer » provisoirement ses techniques d'animateur de discussion pour mettre en action ses techniques d'interviewer de groupe.

N.B. — *Dans le cas banal d'une réunion de bureau ou de commission ayant un ordre du jour en plusieurs points, il n'y a aucune raison de penser* a priori *que tous les points exigent la même technique de conduite de la réunion. Tel point est un compte rendu (information descendante), tel autre requiert une décision après délibération (réunion-discussion pour résolution de problème), tel autre demande des idées nouvelles (brainstorming), etc...*

De même pour les fameuses « questions diverses » qui sont habituellement à la fin de l'ordre du jour, le conducteur doit, à un moment ou à un autre, recueillir les questions-problèmes que chacun voudrait entendre discuter (interviews individuelles en vue de la formulation de ces points), puis mettre dans un ordre logique-chronologique ces points nouveaux, et enfin les introduire dans la réunion en sachant quel genre de technique chacun d'eux requiert

Le changement de rôle est absolument nécessaire. Nécessaire aussi l'information des participants sur le rôle du conducteur de la réunion à chaque changement, de façon à ce qu'il n'y ait ni surprise, ni ambiguïté, ni procès d'intention.

Deuxième Exposé

PARLER A UN PUBLIC

Malgré la différence certaine des trois genres principaux qui seront analysés dans cet exposé, et qui nous serviront de types-repères pour couvrir toute une gamme de réunions,... le responsable a, dans tous ces cas, à affronter un public, à s'exposer (au triple sens de : s'exprimer, se montrer, se risquer), ce qui nécessite une maîtrise particulière de soi et de la situation.

La peur du public, ici, ne pardonne pas, et le conducteur de réunion de grand groupe doit avoir sans aucun doute quelques qualités d'acteur de théâtre, avec, en supplément, une perception continue du degré d'intérêt que le groupe prend à ce qui lui est présenté ou donné, afin de s'accommoder au groupe.

Si l'orateur ou l'animateur est un mauvais acteur, prisonnier d'un texte inadapté dans lequel il se réfugie... la réunion est catastrophique, *quelle que soit la valeur du contenu ou la qualité intrinsèque du message.*

1 *Parler à la foule ou à une masse*

Il s'agit des situations de *meetings* ou de discours faits à une masse, devant une multitude compacte, dans un décor variable (vaste salle, place publique ou lieu d'un rassemblement) et dans des circonstances historiques également variables. La constante est ici qu'il s'agit d'une foule.

LES LOIS DE LA PSYCHOLOGIE DES FOULES.

Une multitude de promeneurs sur un grand boulevard est autre chose qu'un rassemblement intentionnel de masse.

Quoique la foule des promeneurs, tout comme la masse des habitants d'un secteur, d'une ville ou d'un pays, ait des sentiments communs, des opinions collectives latentes (cf. *Le questionnaire dans l'enquête psychosociale*, Exercice 1), elle n'est que virtuellement existante comme groupe. Elle existera dans *l'attroupement*, s'il s'en produit un, ou dans le raz-de-marée d'une émotion collective. Elle existera aussi dans le rassemblement d'une grande quantité de personnes avec une intention commune, comme c'est le cas d'un meeting, d'un match, d'une manifestation populaire.

L'agglutination d'une foule où tous les mouvements, toute l'attention sont orientés par une intention collective, par une « polarisation » commune,... s'accompagne d'abord de 3 phénomènes :

- Création d'attentes, et donc de besoins cherchant la satisfaction des attentes. Par là, une tension collective se produit, par rapport à laquelle tout ce qui sera vécu pendant ce moment prendra un sens particulier.

- Egalisation des personnes, par suite du renvoi et de l'oubli des différences individuelles et des « distances sociales » (d'où ce que l'on a appelé « l'effet de décharge », c'est-à-dire le rejet des fardeaux privés, le nivellement des statuts).

- Rapprochement des individus les uns des autres, dans la mesure même où ils participent aux mêmes attentes et s'égalisent dans l'anéantissement momentané des différences sociales. De là ce que l'on a nommé « le renversement de la phobie du contact ». En effet, par contraste avec ce que l'on peut observer dans la vie courante, où les individus cherchent instinctivement à se mettre « à distance d'autrui » pour protéger leur individualité, on constate que, dans le rassemblement de masse, les personnes se sentent proches les unes des autres, se rapprochent au maximum... A la limite, *la masse* se caractérise par sa densité compacte, comme si les individus formaient un seul et même corps.

Ceci est important et va retentir sur la conduite des réunions de masse ou de vastes publics.

D'autres caractéristiques se greffent sur ces phénomènes de base :

- Diminution de la réflexion et développement de l'existence affective-collective (d'où la suggestibilité des masses) ;

- Contagion affective : les émotions collectives se propagent rapidement par suite de la disparition de la « distance » interpersonnelle ;

- Homogénéisation des comportements, conséquence des deux phénomènes ci-dessus, et aboutissant à l'imitation contagieuse ;

- Facilitation des actes, par suite du sentiment d'impunité et d'anonymat que donne la participation à la masse, et de la diminution de la réflexion ;

- Naissance de valeurs collectives, de mythes collectifs, dans lesquels s'exprime la réalité du groupe (sentiment de sa propre puissance et de l'identité des attentes). Les croyances, les désirs, les besoins du groupe ont une tendance naturelle à se fixer en *idées-forces* (à la limite le groupe engendre sa mystique) ;

• Soumission *a priori* à un « chef » qui saurait incarner cette mystique et donner corps à ces idées-forces (rôle catalyseur du « meneur »).

■ LA CARACTÉRISATION DE LA FOULE, PREMIER IMPÉRATIF POUR CELUI QUI VEUT S'ADRESSER A ELLE AVEC QUELQUE CHANCE DE SUCCÈS.

Le tribun populaire, le meneur de masses, le chef révolutionnaire savent d'instinct la psychologie des foules, par un don spécial qui a fait d'eux ce qu'ils sont. Ils sentent intuitivement les caractéristiques de tel ou tel grand groupe auquel ils auraient à parler.

Connaître les caractéristiques de *telle foule à tel moment*, est indispensable à l'orateur, et nous retrouverons cet impératif même pour un conférencier très académique s'adressant à un auditoire.

• *Connaître d'abord ses caractéristiques objectives,* c'est-à-dire :

— le nombre approximatif (au-dessus de 500 personnes, des phénomènes de foule deviennent de plus en plus probables) ;

— le « recrutement » et la composition (ouvriers, citadins, foule populaire, paysans, chômeurs, etc...) dans ses grands traits ;

— les circonstances du rassemblement, élément important de la détermination des *attentes* (meeting de protestation, rassemblement spontané à la suite d'un incident, groupe de grévistes, foule enthousiaste attendant une de ses idoles, etc...) ;

— la situation générale ambiante, temporelle et historique, et ses rapports avec le rassemblement.

• *Connaître aussi ses caractéristiques psychologiques et sa « mentalité ».* Les caractéristiques objectives y conduisent, mais il faut avoir une connaissance suffisante :

— de son langage et de ce qu'on appelle « ses patterns de langage et de pensée », c'est-à-dire ses modèles habituels de parler, de juger, de sentir et de réagir. On ne peut pas parler à une foule de pèlerins dans un lieu saint comme on parlerait à un rassemblement de scouts ou à un grand groupe exclusivement composé de femmes ;

— de son système de valeurs, c'est-à-dire ce à quoi « ils tiennent », ce à quoi « ils croient », ce qu' « ils » espèrent ou redoutent ;

— de ses attentes, au-delà même des conditions du rassemblement actuel. Les attentes « objectives » avouées, apparentes, ne sont pas forcément les attentes réelles. La connaissance en profondeur de la mentalité des *groupes sociaux* auxquels appartiennent les auditeurs-spectateurs présents est un facteur important du succès de l'orateur ;

— du degré de tension collective qui, directement lié à la vie affective collective, est inversement proportionnel à la capacité de réfléchir.

■ LES QUALITÉS PERSONNELLES DU TRIBUN OU DU MENEUR.

Elles ont d'autant plus d'importance que l'orateur est moins estimé par son public. S'il est connu, et déjà applaudi avant qu'il parle, *son prestige a priori* va lui donner une « marge de liberté » beaucoup plus grande, et il pourra avoir des « défauts » qui ne seraient pas pardonnés à d'autres : un accent extravagant, un habillement inadapté au genre de la réunion, des hésitations dans le débit, etc...

S'il n'a pas de prestige *a priori,* l'orateur doit le conquérir « sur le tas », et il lui faut des qualités :

— de voix,

— de « présence »,

— de prestance et d'attitudes,

— de « communication » affective avec la foule,

— d'improvisation.

Il lui faut aussi commencer son discours par deux paragraphes-clés : le premier sur le thème « *voici qui je suis et pourquoi j'ai le droit de parler ici* »,... Le second sur le thème « *je connais bien vos soucis, vos besoins, vos attentes, vos espoirs* », mais ceci est déjà du « contenu ».

■ LE CONTENU DU DISCOURS.

Pour « faire passer » un message parlé à une foule, il faut se plier en effet à des conditions draconiennes de technique oratoire, sinon le message ne passe pas.

Ces conditions sont les suivantes :

● *Se faire accepter soi-même* avant de faire accepter le message. Se faire connaître, se « situer » et situer son action, sans choquer les besoins, attentes et valeurs de la foule.

● Montrer, par des formules frappantes, exprimant les *idées-forces du groupe,* que l'on a compris ses valeurs, même si l'on doit par la suite en contester certaines.

● *Se conformer aux caractéristiques profondes du groupe.* Même si *le contenu* du discours doit avoir quelque chose d'inattendu et de déroutant pour les auditeurs, il est absolument nécessaire que les manières d'être, de parler, de l'exprimer, soient conformes aux modèles acceptés par le groupe.

● *Reconnaître les mythes du groupe.* Pour la foule, l'autorité reconnue va à celui qui connaît ses mythes et qui traduit en formules claires ses croyances ou ses idées latentes *.

---

* Cela ne signifie pas qu'il faut forcément se conformer à ce que pense ou veut la foule (qui d'ailleurs ne pense pas). Il est tout à fait possible de dire quelque chose de personnel et d'inattendu. Mais ce n'est permis qu'*après* les quatre conditions énoncées. « *Et moi je vous dis que...* » ne peut venir qu'après une bonne « préparation ».

• *Parler par images.* Aucun raisonnement ni aucune argumentation abstraite ne « passe la rampe ». La foule n'a pas de cerveau, disait Gustave Le Bon. Pour qu'elle réagisse, il faut stimuler « sa moelle épinière » et n'intervenir qu'au niveau des réflexes.

Frustrer le groupe, ne pas répondre aux attentes, ne pas s'insinuer dans les « formes *a priori* » de ses croyances ou de ses mythes (même et surtout si l'on veut lui apporter quelque chose de différent),... ou au contraire assaillir le groupe verbalement, l'attaquer, se moquer de lui,... c'est déclencher des réactions brutales que la contagion affective et l'imitation multiplieront bientôt en effervescence incontrôlable.

2 *Parler à un auditoire*

Il est évident que la conduite et les techniques d'un orateur au cours d'un meeting sur la place publique ne seront pas identiques à celles d'un conférencier parlant à un public choisi, venu sur invitations... ni *a fortiori* à celles d'un personnage officiel faisant un discours académique dans une cérémonie institutionnelle, devant un parterre de notables.

■ DIFFÉRENCIATION DES EXPOSÉS OU CONFÉRENCES DEVANT UN AUDITOIRE, ET DES RÉUNIONS D'INFORMATION DESCENDANTE.

A première vue, il s'agit dans les deux genres de réunion, d'une information ou d'une communication devant un groupe, petit, moyen ou grand, venu pour recueillir et assimiler cette information. Cependant les situations sont sensiblement différentes.

• *La réunion d'information descendante est une opération intérieure à un groupe institutionnel.* Le conducteur de la réunion, le responsable de l'exposé fait partie *du même groupe institutionnel que ses auditeurs.* Tel est le Secrétaire général d'une Association présentant le rapport moral de la Société devant l'Assemblée générale des sociétaires,... le Directeur d'Entreprise parlant, devant ses cadres, de l'avenir de la Société ou commentant de nouvelles dispositions réglementaires,... le promoteur d'une enquête rendant compte de ses résultats au groupe (ou à une partie du groupe) sur lequel il a fait l'enquête, etc...

Dans ces conditions, le thème de l'information fait directement partie de l'existence sociale, socio-professionnelle ou quotidienne, des personnes qui assistent à la réunion. Le responsable détient une information qui les concerne.

• *La réunion formelle, avec conférencier et auditoire, met en présence des personnes étrangères les unes aux autres.* L'auditoire n'a qu'une existence momentanée. Les auditeurs-spectateurs se trouvent réunis par un but commun actualisé dans le motif ou le thème de la réunion, et celui qui parlera vient, lui aussi, de l'extérieur par rapport à la plupart d'entre eux, même si des liens évidents existent entre l'orateur et l'auditoire avant le début de l'exposé : identité des intérêts intellectuels ou esthétiques, liens inter-groupes d'appartenance respectifs.

Trois genres-repères peuvent être pris ici pour illustration :

— la conférence documentaire d'intérêt historique, esthétique, intellectuel, et, plus généralement, culturel ou pédagogique ;

— la communication, de type scientifique, à un congrès ;

— le discours de circonstance dans le cadre d'une cérémonie ou d'une Assemblée officielles.

Nous nous occuperons d'abord de ce genre d'exposé.

■ FACTEURS DE SUCCÈS, RELATIFS A L'AUDITOIRE.

Nous retrouvons d'abord, avec des modifications, certains facteurs qui intervenaient dans le succès du meeting de masse.

● *Connaissance des caractéristiques de l'auditoire.*

— *Le nombre* joue de nouveau un rôle. On ne peut pas parler avec le même contenu ni sur le même rythme de parole à un groupe de 30 et à un groupe de 500 personnes. Plus le nombre augmente, plus il faut prévoir que des parties importantes du message seront « perdues », non pas par suite d'une mauvaise acoustique (les palliatifs sont aujourd'hui faciles avec les installations d'amplificateurs), mais par l'effet même du nombre, des innombrables mouvements accumulés, des distractions minimes et fréquentes, des bruits parasites que fait la masse (même si tout le monde est en place et assis), du retentissement prolongé d'un effet oratoire. Des phénomènes de foule apparaissent au-dessus de 500.

— *La composition du groupe,* élément indispensable d'évaluation :

1° de son niveau d'information préalable ou général, facteur de l'ajustement du discours ;

2° de ses habitudes collectives, fonction des caractéristiques dominantes ou communes chez les membres du groupe (on ne peut s'adresser de la même façon à un amphithéâtre d'étudiants,... à une assemblée de spécialistes en congrès,... à une salle de bourgeois de province, etc...) ;

3° de ses motivations constantes : les formes chroniques de ses intérêts, de ses réactions, de ses besoins...

— *Les attentes du groupe ici et maintenant.* Ce point est essentiel au succès de la réunion, et dans le cas qui nous occupe (comme dans le cas du meeting, quoique avec des aménagements évidents) la frustration des attentes est un facteur d'échec personnel pour le conducteur de la réunion.

En venant à la réunion, en acceptant d'y assister ou en répondant à l'invitation, les auditeurs sont porteurs *d'attentes* concernant la forme et le contenu comme susceptibles de leur apporter certaines satisfactions (au sens large), qu'ils recherchent sans idée précise. Le responsable dispose d'une *marge* de liberté assez considérable mais qui n'est pas infinie. De même qu'il ne peut pas parler dans n'importe quel *langage,* ni avec n'importe quel ton, ni aussi longtemps qu'il le voudrait, le conférencier ne peut pas dire n'importe quoi.

Or il est nécessaire qu'il y ait des attentes (sans quoi les gens ne viendraient pas ou la réunion serait un attroupement occasionnel), comme il est nécessaire qu'elles ne soient pas frustrées.

• *Connaissance de la structure formelle comme facteur psychologique de la réunion.* Le type de réunion que nous décrivons ici est, en fait, un composé de 3 éléments fonctionnels en interrelation : 1° le public, 2° l'orateur et son discours (ou sa communication), 3° la structure formelle de la réunion.

Selon les variétés de réunions de ce genre, l'un ou l'autre des éléments « l'emporte », et si cet élément déterminant est méconnu ou sous-estimé, l'échec est certain.

Dans le cas d'une cérémonie de rentrée solennelle de l'Université, la structure formelle est tellement prégnante que l'essentiel d'un discours consiste à être produit à tel moment et pour tant de minutes, pour tel but organique d'ensemble, ce qui neutralise à peu près complètement le récitant et la valeur intrinsèque de son message. Le système des attentes est presque intégralement capté par le cérémonial en tant que tel.

De même un éloge funèbre ou les discours de clôture d'un congrès ou d'ouverture d'une Assemblée. On attend du discours d'ouverture « qu'il ouvre », et s'il est normal qu'il dure 10 minutes, le Président ne peut « qu'ouvrir » pendant ce laps de temps sans dévier de ce rôle...

N.B. — *A ce propos, il faut savoir que, si vous avez un jour à tenir une fonction de ce genre, vous pouvez en fait déborder assez largement ce rôle (quoique toujours dans une certaine marge),* à condition de formuler d'abord *et de manière nette, les attentes normales de votre auditoire, et le sens (ou les raisons) de votre entorse aux attentes.*

La structure formelle pèse aussi, à sa manière, sur l'auditoire. Contrairement à ce qui se passe dans l'attroupement, la foule, la masse ou le cortège populaire improvisé,... les statuts sociaux sont maintenus et renforcés par la structure formelle de la réunion. *Et c'est ce qui tend à empêcher l'auditoire de réagir comme une foule.*

En accentuant l'organisation formelle, on augmente le contrôle individuel des comportements et on peut placer alors le message au niveau intellectuel-réflexif (ce qui est absolument impossible, on l'a vu, pour la foule, même si elle est formée d' « intellectuels »).

■ FACTEURS CONCERNANT L'ORATEUR LUI-MÊME.

• *Ne pas avoir peur du groupe.* La relation affective fondamentale et inévitable qui s'établit au cours de la réunion entre l'orateur et le public est construite non seulement sur l'ensemble des facteurs précédents mais aussi sur la perception obscure, quasi instinctive, globale, que le public a, de l'attitude du conducteur de la réunion, à son égard.

La peur du groupe, chez l'orateur, est un important facteur d'échec. L'anxiété peut prendre diverses formes, du trac passager *avant* de prendre la parole jusqu'à l'angoisse persistante qui brouille les idées et l'élocution, ce qui oblige l'orateur à lire un texte au lieu de parler au public et à « s'accrocher » au texte écrit au lieu de s'adapter à la salle et à ses réactions.

• *Connaître son sujet.* Dominer le sujet, c'est pouvoir en parler sur des modes différents en l'adaptant à des publics différents. C'est pouvoir formuler clairement les idées essentielles et utiles à l'intelligibilité d'un ensemble si vaste soit-il. C'est n'avoir besoin que d'un plan et de quelques références à des faits, chiffres ou expériences à l'aide desquels l'on compte nourrir un passage ou une démonstration.

• *Posséder des qualités d'orateur,* c'est-à-dire de voix, de diction, d'exposition et d'improvisation sur un thème donné.

• *Ne pas craindre une certaine redondance.* Le taux de redondance doit être proportionnel au nombre de présents, et inversement proportionnel au niveau supposé de connaissances et de culture du public.

■ FACTEURS CONCERNANT LA SITUATION ET LE DÉROULEMENT DE LA SÉANCE.

• *Caractériser la situation* dans l'ici et le maintenant, est le seul moyen de pouvoir y faire face ou de ne pas en être aussitôt la victime.

Exemple : la salle de spectacle qui contient 1 500 places (nombre de participants prévus : plus d'un millier) n'est occupée quand s'ouvre la réunion que par 25 auditeurs clairsemés. La structure formelle (5 personnages sur la scène dont 1 président de séance, l'allocution d'ouverture, le micro sur la table du conférencier, le conférencier sur la scène...), tout cela devient ridicule. Il faut regrouper les 25 auditeurs, descendre la table à leur niveau, conduire un autre genre de réunion...

Au contraire, voici que la réunion prévue est envahie par un groupe supplémentaire bruyant et visiblement hostile. La situation change. Pour « atteindre » le nouveau public ainsi constitué (si toutefois il est dans les intentions de l'orateur de l'atteindre), il faut caractériser le niveau de motivations des deux parties du public, dire clairement que l'on sait et que l'on comprend les attentes ou les intentions des deux parties, définir ce qu'elles ont en commun, promettre que la parole sera donnée aux volontaires, obtenir qu'on écoute d'abord ce que l'orateur a à exposer et parler au niveau des attentes communes.

• *Porter attention aux réactions collectives du public.* Comprendre non seulement la situation globale telle qu'elle se constitue mais aussi comprendre la succession des situations. Pour cela, il faut nécessairement « être centré sur le public », c'est-à-dire à la fois percevoir les réactions globales et les analyser en termes de psychologie des groupes.

• *Savoir contrôler le temps.* Chaque genre de discours comporte un optimum de rythme et de durée, en fonction des attentes du public, du cadre général et du programme total de la réunion. L'orateur doit savoir se chronométrer sans en avoir l'air, sans décevoir par sa brièveté ni ennuyer par un discours-fleuve.

• *Savoir ménager l'attention,* c'est-à-dire la faciliter à chaque instant par le contenu de l'exposé (et l'art de le mettre en valeur grâce aux qualités personnelles déjà vues) et prévoir les détentes nécessaires au public (mouvements de détente provoqués, pauses de l'attention, etc...).

Les bons orateurs et les bons pédagogues sont, on le sait, doués d'une intuition juste des facteurs concernant le public et des facteurs concernant la situation globale à chaque instant,... ainsi que de qualités personnelles leur assurant la maîtrise de ces situations et le « contact » avec leur public.

■ **LE FEED-BACK DANS LES CONFÉRENCES A AUDITOIRE** (cf. p. 35).

Pour le conférencier, le feed-back essentiel lui vient, *pendant son discours,* des attitudes et réactions de la salle. Ce feed-back doit lui servir à ajuster et à moduler son discours. Si, par exemple, des « mouvements divers » signifiant la surprise ou l'indignation se manifestent, il doit d'abord les percevoir, puis les reconnaître (dire qu'il les « comprend ») et reprendre en le justifiant mieux tout le paragraphe qui a provoqué ces mouvements. [Quant aux « questions » demandées à l'auditoire après l'exposé, celles (rares) qui sont de vraies questions ou de vraies objections doivent permettre au conférencier d'aller un peu plus loin dans l'information.]

3 *Les réunions d'information descendante*

Dans la réunion d'information descendante, les auditeurs convoqués ou invités font partie de la même organisation institutionnelle ou socioprofessionnelle, et le conférencier ou conducteur de la réunion en fait partie aussi. De ce fait les auditeurs sont personnellement impliqués par le sujet de la réunion car celui-ci « tient » d'une manière ou d'une autre à un aspect plus ou moins important de leur existence sociale ou professionnelle.

Les cas typiques qui nous serviront de repères sont :

— Rapport à une assemblée de sociétaires ;

— Informations générales ou spéciales données à un groupe par un de ses dirigeants dans un objectif qui est intérieur au groupe ;

— Compte rendu d'enquête présenté à un groupe qui a été l'objet de cette enquête ou d'interviews antérieures ;

— Briefing (réunion d'informations-explications préalables à une opération « sur le terrain », et réunissant les responsables de l'action ultérieure).

D'autre part le nombre est variable. Il peut être très grand (plus de 1 000) dans l'assemblée générale d'une Société à grands effectifs ou très restreint (exposé d'information devant un Conseil d'Administration ou un Comité, ou encore briefing d'une petite équipe de travail ou d'intervention).

■ LES CARACTÉRISTIQUES DU PUBLIC DANS LA RÉUNION D'INFORMATION DESCENDANTE.

L'appartenance de tous à un même groupe socio-institutionnel, la structure formelle de la réunion, l'implication personnelle de tous dans le sujet à traiter, sont en relation de cause ou d'effet avec un certain nombre de caractéristiques de l'auditoire, que le conducteur de la réunion devra connaître et dont il devra tenir compte.

● *Interconnaissance relativement plus facile* (pouvant aller jusqu'à la plus complète familiarité dans certains petits groupes socio-professionnels), ce qui favorise l'unité affective du groupe. De plus, l'existence d'intérêts communs, impliquant le groupe dans le thème ou sujet de la réunion, augmente la cohésion interne du groupe et tend à alléger, dans l'auditoire, l'influence des statuts sociaux individuels.

● *Facilitation, si le groupe est grand, des phénomènes de foule.* De ce point de vue, une Assemblée générale nombreuse où le mécontentement est latent, peut devenir très rapidement houleuse et s'engager dans une micro-révolution si un « meneur » informel se dégage de la masse et attaque les responsables officiels.

● *Existence d'attentes spécifiques fortes, liées aux intérêts socio-professionnels en jeu.* Cette caractéristique différencie nettement ces publics des auditoires précédents où les intérêts étaient d'ordre culturel, intellectuel, esthétique ou pédagogique. Le conducteur de la réunion risque donc plus gravement qu'ailleurs, *de frustrer le groupe s'il ne sait pas répondre à ces attentes.* Par là, il déclencherait automatiquement l'hostilité, voire l'agressivité du groupe contre lui.

■ LA PHASE D'INFORMATION DESCENDANTE PROPREMENT DITE.

L'information s'appelle ici « descendante » parce que, dans la hiérarchie institutionnelle, présente ou représentée, du groupe, l'information circule dans le sens descendant, du sommet vers la base, des responsables vers les coopérateurs de la base ou d'un échelon subordonné.

● Dans le genre « Rapport devant une Assemblée » ou « Informations données à un groupe par un dirigeant », l'information intéresse la vie du groupe, de la Société ou de l'organisme social. Compte rendu d'une action passée ou programme d'une action à engager, le rapport exige, de celui qui le fait, les opérations successives suivantes :

— une présentation (ou un rappel) de ses fonctions ou de son statut ;

— une présentation de l'objet de l'information, en liaison avec ses fonctions ou avec des circonstances justificatives ;

— l'exposé du contenu de l'information. Cet exposé doit nécessairement être clair, ordonné, loyal, ajusté aux attentes et évitant l'ennui. *Il répond en effet à des questions normales que le groupe se pose,* et est en droit de poser au responsable qui l'informe. Que ce soit un « compte rendu de gestion », un « bilan de l'activité », une « présentation de la trésorerie » ou une « réunion d'information anti-rumeurs »,... le contenu de l'information est, en soi, *une réponse,* et il doit *convaincre* pour que le groupe ne soit pas frustré et donc pour que la réunion soit réussie.

Tous les moyens de conviction doivent être prévus si nécessaire :

— distribution de documents avant l'exposé (ou envoi de ces documents avant la réunion) de façon à éviter des longueurs de l'exposé sans éluder des détails importants ;

— utilisation de schémas, graphiques, moyens audio-visuels, qui soutiendront l'intérêt et seront commentés ;

— prévision des réactions, des questions ou contestations, et arguments pour y répondre d'avance ;

— clarté et rigueur de la présentation. Ne pas craindre la lecture de chiffres, de dates, de mesures, dans l'intérêt de la démonstration, en sachant éviter les excès inutiles.

● Dans le genre « compte rendu d'enquête au groupe sur lequel a eu lieu l'enquête », l'information doit comporter, en résumé, toutes les phases d'un rapport d'enquête (cf. fascicule : *Le questionnaire dans l'enquête psycho-sociale*, chapitre : *Le rapport d'enquête*).

N.B. — *Le compte rendu d'enquête a un effet psychologique sur le groupe (effet* FLOYD MANN *dit de « réinjection des résultats »). Ce genre de réunion a été utilisé comme moyen d'action psychologique* *.

● Dans le genre « briefing », l'information a une valeur extrêmement importante puisqu'elle a pour but de permettre aux agents ou acteurs de l'opération imminente sur le terrain :

— de « situer » leur action et leur rôle par rapport à l'ensemble ;

— de coordonner leur action avec celle de leurs collègues ;

— d'avoir une compréhension plus exacte de leur mission et donc de l'accomplir de manière plus « intelligente » en y étant plus personnellement impliqués.

Exemples : un groupe d'ouvriers spécialisés qui vont participer à des essais,... une équipe de sécurité projetant un exercice,... un groupe de psychologues sur le point d'entreprendre une enquête psycho-sociale sur le terrain sous l'autorité d'un responsable qui, lui, a participé à la mise sur pied de l'enquête générale,... un patron convoquant ses chefs de service pour l'organisation de l'accueil d'un groupe de visiteurs officiels, etc., etc...

La réunion de briefing doit, dans cette phase d'information, clarifier les buts et les rôles, l'horaire du déroulement des opérations, la coordination des missions individuelles.

Le conducteur de cette réunion doit être clair et complet, s'aider de moyens visuels (cartes, plans, maquettes, etc...).

■ LA PHASE SECONDE OU PHASE DE FEED-BACK.

Elle est indispensable. L'oublier ou la tronquer, la remplacer par : « Vous avez bien compris ? La séance est levée », c'est se préparer des déboires. La phase du feed-back consiste à donner la parole à l'auditoire pour que toutes les questions possibles soient posées par les auditeurs

* Cet « effet » a été décrit dans le fascicule *Le questionnaire dans l'enquête psychosociale*, page 70.

(information en retour). Elle doit normalement relancer des explications supplémentaires et des précisions. Elle peut provoquer, si elle est bien conduite, des décisions complémentaires.

« Bien conduire » cette phase, signifie :

- Annoncer clairement que des questions sont sollicitées afin que des informations complémentaires ou les clarifications soient faites ;

- Ne pas brusquer le groupe et attendre patiemment les questions. Sur ce point l'interconnaissance et la familiarité des participants sont des facteurs facilitants. Si le groupe est timide, le conducteur du groupe peut, après un moment de silence (et si ce silence n'est pas signe d'hostilité), interpeller nommément des personnes du groupe pour solliciter les premières questions, ou pour faire répéter une partie des rôles distribués ;

- Favoriser les questions par une attitude d'accueil bienveillant envers toute demande d'éclaircissements ou toute critique, *reformuler chaque question* (pour être sûr que l'on a compris, pour la faire entendre à tous, pour obtenir le plein accord du questionneur sur le sens de sa question) et y répondre au fur et à mesure ;

N.B. — *On peut aussi collecter les questions, les reformuler et y répondre après les avoir classées par thèmes ou par ordre d'importance.*

- Ne pas hésiter, en cas de question embarrassante (parce que le problème soulevé n'avait pas été prévu), à le poser comme tel aux auditeurs et à faire participer le groupe à sa résolution ;

- Ne lever la séance ou ne libérer le groupe de cette partie de la réunion que lorsque l'intercompréhension est aussi bonne que possible.

En conclusion de cet exposé sur les réunions face à un groupe grand ou moyen, soulignons la variété des situations et des rôles et la nécessité, pour le conducteur de ces réunions, orateur, animateur ou président, d'être conscient à la fois du rôle à tenir, des techniques à utiliser et des phénomènes psychologiques de l'auditoire.

Troisième Exposé

ANIMER UN GRAND GROUPE

1 *Faire participer l'auditoire*

Il arrive qu'*après* une conférence, un exposé, un discours d'information, un conducteur de réunion ait l'intention d'*instituer un débat*, de répondre à des questions ou de provoquer la participation des auditeurs à une discussion.

Il arrive aussi que la réunion tout entière soit prévue comme une discussion (c'est le cas d'un « carrefour », d'une séance de ciné-club, d'une discussion dans un Centre culturel, d'un « dîner-débat »...). Dans ce cas, il est absolument nécessaire qu'une première partie serve d'introduction ou de mise au point de l'objet de la discussion ultérieure (projection du film sur lequel on va discuter, lecture du cas-problème qui sera le support des échanges, exposé d'introduction au débat, rappel du thème de la rencontre, etc...).

Dans l'un et l'autre cas, l'introduction étant faite ou la première partie (l'exposé d'information) étant achevée, deux conditions deviennent nécessaires :

1° L'annonce au public de l'ouverture et des conditions de la discussion ;

2° Le remplacement de l'orateur par un animateur du grand groupe (et la transformation des spectateurs en participants), ou le *changement de rôle* de l'orateur qui doit devenir alors animateur.

■ LE FEED-BACK.

Il est parfaitement loisible de laisser les auditeurs partir et se disperser après une conférence ou un discours. La clôture est alors faite d'une manière ou d'une autre et la séance est levée.

- Le public est frustré par cette issue lorsque :
  - l'intérêt a été soulevé par l'objet (ou le thème) de la réunion ;
  - le contenu a posé des problèmes, éveillé des curiosités, des inquiétudes ou des espoirs ;
  - la discussion lui a été annoncée ;
  - du temps est disponible (ou a été prévu).

La discussion répond au contraire à cet ensemble d'attentes et de motivations.

- Cependant il y a une autre attente, chez le conférencier lui-même, liée à son désir normal d'évaluer l'intérêt pris par le public, le degré d'intelligibilité du contenu, le degré d'assimilation des idées, etc. Plus les buts de l'exposé sont *pédagogiques* (enseigner quelque chose), plus l'information *en retour* est nécessaire à celui qui parle ou a parlé (cf. développement de ce point dans le séminaire : *Les méthodes actives dans la pédagogie des adultes*). Cette information en retour est appelée « feed-back ».

Le feed-back permet normalement d'ajuster ou de rectifier, d'élargir ou d'approfondir l'information, et aussi d'éviter l'installation (ou la prolongation) de la phase passive de réception pour inaugurer une phase active de *participation*, celle-ci étant considérée comme plus *formative* que la précédente.

■ LA QUÊTE DE QUESTIONS.

Ce procédé n'est pas à confondre avec la méthode interrogative proprement dite, décrite ci-dessous. La quête de questions consiste à demander au public si quelqu'un désire poser des questions.

Le procédé est assez utile après un exposé qui appartient au genre « leçon », et a d'autant plus de chances de permettre un approfondissement que le public est plus restreint et composé de personnes plus compétentes.

- Appliqué systématiquement après une conférence d'information à public large et mêlé, le procédé est inefficace et risqué :

1. Il y a toujours un temps pénible entre la demande de questions, posée à la cantonade, et l'engagement du premier questionneur. Ceci vient de ce que « se lancer comme premier questionneur » requiert un dépassement des inhibitions défensives importantes dues à la peur du groupe chez le questionneur (on prévient généralement ce temps mort en faisant poser la première question par un spectateur allié prévenu à l'avance ou qui « se dévoue ») ;
2. On risque ensuite une pléthore de questions inorganisées ;
3. On risque toujours la question-fleuve d'un déséquilibré qui n'a rien compris au sujet traité et qui en profite pour placer sa conception du Monde ;
4. Les questions suscitent des dialogues successifs entre l'émetteur de l'information et le questionneur. Il est extrêmement difficile de rompre cette suite de petites discussions à deux, pour faire participer le groupe tout entier.

• *Des procédés de remplacement* ont été essayés avec succès et ils sont efficaces à condition que cinq conditions soient impérativement et *simultanément* réunies :

1. l'auditoire est un groupe moyen (de 50 à 500 personnes environ) ;
2. le sujet traité (ou l'information donnée) soulève des problèmes ou excite la réflexion des assistants ; cette condition n'est évidemment pas réalisée si l'exposé est une pure documentation objective ou éloignée des problèmes actuels de l'existence ;
3. le conférencier ou le détenteur de l'information a du prestige (antérieurement assuré, ou acquis pendant son exposé même), ce qui donne aux auditeurs envie de l'interviewer sur certains points particuliers ;
4. la réunion est organisée de manière formelle ;
5. un personnage officiel autre que le conférencier est disponible et capable de prendre le *rôle de relais* entre le public et le conférencier. Nous appellerons ce rôle supplémentaire : rôle d'animateur-relais.

N.B. — *S'il n'y a pas de personnage susceptible de jouer ce rôle, le conférencier lui-même peut s'en charger, mais ceci ne permet que l'utilisation du premier des procédés ci-dessous.*

Dans ce cas, toutes ces conditions étant réunies (ce qui est, il faut s'en rendre compte, un cas très fréquent des conférences et des réunions à auditoire formel), on utilise l'un ou l'autre des procédés suivants, classés ici par ordre d'animation croissante :

Premier procédé.

L'animateur-relais se place à distance du conférencier et face à l'auditoire. S'il y a une scène ou estrade, la position « en bout » à droite ou à gauche, est favorable. Après avoir ouvert la phase de discussion en annonçant clairement son rôle (recueillir les questions), il demande au public de poser les questions et recueille par écrit la totalité des questions orales. Après chaque question, il en fait *une reformulation* pour être sûr qu'il ne trahit pas la pensée du questionneur, l'écrit, puis demande une autre question, etc... Bien entendu, *il ne répond à aucune* et *il n'en refuse aucune*. Il accueille avec la même neutralité toutes les questions aussi saugrenues qu'elles soient.

Puis, les questions étant épuisées du côté du public, il les classe *par thèmes ou par catégories*, formule les points successifs ainsi définis grâce à une rapide *analyse de contenu*, et, véritable relais, pose à son tour au conférencier les questions (en nombre réduit grâce à ce procédé) qui sont celles du public.

Lorsque le conférencier lui-même prend ce rôle, il doit lutter, dans cette phase de moisson des questions, contre sa propre tentation de répondre à chacune, et contre la pression des questionneurs pour obtenir des réponses personnelles au fur et à mesure.

Deuxième procédé.

Même forme générale que le premier, mais les questions sont *écrites* par les personnes qui, dans le public, désirent les poser. Ce procédé est un peu plus long, il nécessite une petite organisation supplémentaire : distribution de petits papiers dans le public, ramassage des papiers (par quelques personnes de bonne volonté), lecture à *haute voix* des questions par les ramasseurs au fur et à mesure, *mais sans qu'on puisse repérer qui, dans la salle, vient de poser la question* (le moyen le plus pratique consiste à attendre d'avoir 5 ou 6 papiers, à les mêler ostensiblement et à les lire ensuite),... collationnement des questions par l'animateur-relais, etc..., comme ci-dessus ensuite.

Avantage du procédé : l'anonymat favorise la libre expression, et il se crée une animation plus générale de la salle. L'audition des premiers paquets de questions suscite d'autres questions. Le groupe entier participe davantage (se dégèle).

Inconvénient : cela prend du temps et demande une organisation supplémentaire.

Troisième procédé.

Dans ce dernier procédé, l'animateur-relais prend un rôle à la fois plus intéressant et plus difficile, nécessitant une formation spéciale. Il faut savoir aussi que, en appliquant cette méthode, le temps est pratiquement doublé par rapport au temps d'une séance qui se réduirait à la conférence et à quelques questions éparses.

Le rôle de l'animateur-relais se développe en deux phases :

A) *Interview du public.* Son objectif sera simplement ici d'obtenir par des dialogues successifs avec les questionneurs, un approfondissement des intentions des questions posées.

Il ne s'agit absolument pas d'y répondre, mais de rechercher, par une technique de *reformulation-élucidation* (cf. cette technique in séminaire : *L'entretien de face à face*), la signification des question comme préoccupations *du groupe* après la conférence. Les formules finalement retenues par l'animateur-relais peuvent donc être assez éloignées des questions telles qu'elles étaient primitivement posées par les personnes du groupe.

B) *Interview du conférencier.* L'animateur-relais change ensuite de rôle et, se mettant « dans la peau des questionneurs », c'est-à-dire s'identifiant aux curiosités, à la problématique, ou aux inquiétudes du public, joue sur la scène un véritable *sketch* au cours duquel il interviewe le conférencier publiquement sur les thèmes ou les orientations qui lui ont été fournis. Il pratique donc, en fait, une *interview centrée sur des thèmes successifs,* et appliquée alors au conférencier.

Le procédé est spectaculaire et efficace s'il est bien exécuté.

N.B. — *Rappelons que, dans chacun de ces procédés, l'animateur-relais doit de toute nécessité (sinon c'est le blocage, la pagaille et l'échec) exposer clairement au public son rôle (ce qu'il compte faire et comment il va le faire)* avant *de se lancer.*

■ LA MÉTHODE INTERROGATIVE.

Cette méthode est l'application à un groupe moyen, de la méthode dite de *discussion-préliminaire* utilisée dans les petits groupes.

Elle représente un renversement complet de la perspective traditionnelle et consiste essentiellement à situer la phase de questions *avant* l'exposé ou la conférence.

Cette méthode apparemment paradoxale (bouleversant les habitudes, ce qui la fait apparaître comme irrationnelle) a pour but « d'échauffer » les auditeurs sur un thème de recherches, de « motiver » le groupe (c'est-à-dire de lui donner besoin et désir des connaissances et des informations qui lui seront proposées) afin que l'exposé ou la conférence, arrivant après coup sur un « terrain » préparé, apporte les éclaircissements attendus.

Trois conditions préalables doivent être réunies pour que cette méthode soit mise en œuvre avec succès ; il faut que :

1° le groupe soit peu nombreux (30 à 80 personnes environ) ;

2° les auditeurs aient déjà des « bases » ou des connaissances suffisantes (quoique incomplètes) sur le thème de l'exposé ;

3° le conférencier soit un spécialiste dont le public (déjà informé d'une manière générale *a priori*) attend des précisions, des nouveautés, des réponses.

Ces trois conditions situent nettement la méthode dans son cadre spécifique qui est *pédagogique.*

La méthode se développe en 4 phases, la 4e *étant* la conférence ou l'exposé proprement dit.

Phase 1. — Le conférencier-pédagogue expose la méthode dont il va se servir et explique le principe des questions préalables, ce qui définit clairement les rôles ainsi que le mode de participation des auditeurs-élèves.

Phase 2. — Exposé ou rappel des informations de base, considérées comme nécessaires à toute réflexion sur le sujet et formulation des grandes questions ouvertes qui se posent à partir de là. Autrement dit, exposé de la *problématique* du sujet que le conférencier se propose de traiter.

Phase 3. — Travail du groupe, soit en interview de groupe effectuée par le conférencier (qui a alors un rôle d'interviewer), soit en petits groupes de 6 ou 7, avec rapport par groupe, pour découvrir :

— quelles informations objectives manquent pour que les problèmes posés puissent être résolus ;

— quelles réponses l'on pourrait apporter à la problématique ;

— quelles hypothèses peuvent être faites sur les réponses aux questions formulées.

Au cours de cette phase, le groupe ou les groupes partent donc à la *découverte* des réponses et font part des résultats de leur réflexion.

Cette phase dure de 30 à 90 minutes.

Phase 4. — Le conférencier fait ensuite son exposé, donne ses informations et ses réponses à la problématique du sujet annoncé.

Cet exposé de synthèse, fait dans ces conditions, a un impact beaucoup plus marquant sur les auditeurs que par la méthode traditionnelle.

Dans le séminaire *Méthodes directives et formation des adultes* (paru dans cette collection), Daniel CHEVROLET expose tous les moyens de ce qu'il appelle « l'optimisation de la conférence ou des exposés » (pages 44 à 59). Tous consistent à provoquer et à utiliser la participation active de l'auditoire.

2 *L'animation directe active des groupes moyens*

Dans beaucoup de circonstances, telles que les débats dans une séance de ciné-club, la discussion générale d'un auditoire au cours de « Journées » ou de « Rencontres » après une succession d'exposés, etc..., le problème principal est celui de *l'animation d'un grand groupe :* c'est-à-dire qu'on a besoin non pas d'un conférencier mais d'un animateur au sens propre, capable de faire réellement *participer* le groupe entier à la discussion. L'essentiel est alors de créer, d'entretenir et de rendre fructueuse (formatrice) cette participation, le groupe lui-même étant, grâce aux interactions, l'agent de sa formation par l'échange des informations et des réflexions. Il s'agit donc seulement de savoir l'*animer.*

■ LE ROLE D'ANIMATEUR.

Le rôle d'animateur est particulier. Une confusion avec le rôle de conférencier est catastrophique. Un bon animateur peut n'avoir rigoureusement aucune compétence sur le thème du débat. Son rôle en effet est d'obtenir (et de « réguler ») la participation la plus large possible. Il doit, par contre, être très compétent dans les problèmes de méthodes actives et de psychologie des groupes.

Trois opérations principales constituent l'action de l'animateur :

1. *Reformuler et relancer.* Les participants sont supposés avertis du sujet de la discussion. Sinon, l'animateur peut faire faire cette information par quelqu'un de compétent, car il est très important qu'il ne la fasse pas lui-même (quoiqu'il puisse lire des informations impersonnelles nécessaires à la discussion ou résumer, de manière également impersonnelle, le thème et les thèmes du débat). A partir de là, l'animateur *suscite des opinions,* des impressions, des questions,... dans la salle ; il les *reformule* clairement *et les renvoie au groupe* pour que quelqu'un y réponde ou s'exprime à ce propos. Il relance les questions qui sont restées sans réponse, mais n'apporte lui-même aucun élément de réponse.

2. *Assurer la régulation des échanges,* c'est-à-dire régler la circulation des idées, veiller au temps qui passe, favoriser les échanges et les interactions, intervenir s'il le faut au niveau de la dynamique du groupe. Tous ces aspects seront vus ci-après à propos de la réunion-discussion et de l'interview de groupe.

3. *Faire le point et faire la synthèse.* Synthèses partielles, faites au cours de la discussion, et synthèse finale, sont à faire par l'animateur en se gardant de toute « orientation » ou « interprétation » des apports du groupe.

■ LES TECHNIQUES SPÉCIALES.

Selon les objectifs des réunions à animer, et surtout lorsqu'ils comportent un apprentissage de la discussion en groupe pour les participants, l'animateur dispose de techniques spéciales, nécessitant une formation et une pratique, qui sont particulièrement efficaces s'il ne se trompe pas de « genre » *.

---

* Dans son séminaire *Méthodes directives* et *formation des adultes,* paru dans cette Collection, Daniel CHEVROLET développe aussi ces « techniques spéciales », particulièrement page 44 à 56.

• *Le panel-discussion.* Dans une salle assez grande, un groupe de 5 à 7 personnes qualifiées (compétentes sur le sujet ou les sujets de la réunion) s'asseoit derrière une table de façon à former un arc de cercle très ouvert face à un auditoire. Ce petit groupe d'« experts » est appelé « le panel ». L'auditoire se dispose en face du panel, de préférence en un large croissant, de façon à entendre les futurs échanges verbaux du panel.

L'animateur va être l'intermédiaire-régulateur de la discussion en organisant l'action de la manière suivante :

1° Il présente le ou les thèmes de la réunion ;

2° Il présente les membres du panel et leur compétence respective sur le sujet de la réunion ;

3° Il prévient l'auditoire (à qui il a fait distribuer des petits cartons) qu'il s'agit de poser des questions au panel en les inscrivant sur les cartons, et que son rôle personnel d'animateur consiste à classer et synthétiser les thèmes de questions et à les soumettre au panel.

Après cette préparation, l'animateur demande qu'on lui fasse parvenir des questions. Par une rapide analyse de contenu de ces questions, il dégage une première grande question, et il la pose au panel.

L'auditoire assiste alors à la discussion entre les personnalités sur les thèmes lancés successivement par l'animateur à partir des questions reçues.

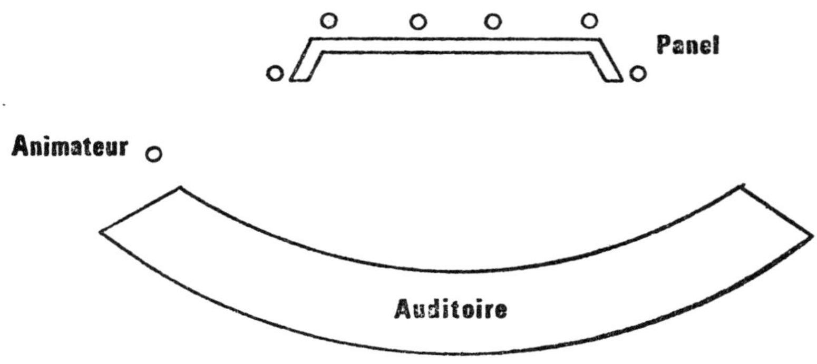

SCHEMA DU PANEL-DISCUSSION.

A la fin de la discussion, l'animateur fait la synthèse.

On peut convenir aussi qu'il fait la synthèse après chaque question débattue, synthèse partielle qui peut aussi être confiée (pour soulager l'animateur) à l'un des membres du panel.

• *Le travail en sous-groupes de discussion.* Le grand groupe est réparti en petits groupes de 5 à 7 membres qui ont à élaborer ensemble un rapport sur le problème objet du débat. Le travail de chaque petit groupe demande de 1 heure à 1 h 30. Le petit groupe s'organise à son gré (il est tout de même bon de prévoir si possible un régulateur qui, dans chaque petit groupe, stimule et organise la production des participants, ce qui exige de lui une formation à ce rôle).

Les groupes se répartissent dans l'espace disponible en s'efforçant de ne pas se gêner les uns les autres.

Après cette première phase de travail, l'animateur demande au grand groupe de se remettre en position d'auditoire et invite chaque rapporteur de groupe (le plan général de l'opération ayant été annoncé dès l'ouverture à l'ensemble des participants) à venir à la tribune pour faire part à tout le monde du rapport de son petit groupe de travail.

Après la succession des rapports, l'animateur, qui a pris, à chaque passage, des notes, fait l'exposé final de synthèse.

Il est possible aussi de rassembler les rapporteurs en panel face au grand groupe, et de construire la synthèse en animant ce panel.

N.B. — *Il est extrêmement dangereux de rassembler les rapporteurs en un petit groupe au milieu de la salle, de permettre aux membres des groupes respectifs de travail de rester groupés derrière leur rapporteur et de correspondre avec lui pendant le travail du groupe central de synthèse. On fabrique alors un groupe de pression qui disloque complètement le groupe des rapporteurs* (cf. démonstration dans le fascicule : *La dynamique des groupes*, exercice n° 10).

- *La réunion de Phillips 6/6.*

Très utilisée avec des groupes moyens dans *la méthode des cas*, cette technique tire son nom de son auteur et de sa procédure : petits groupes de 6 personnes réfléchissant par quotas de 6 minutes sur des points successifs, sous l'orchestration d'un animateur.

Appliquée à un groupe important (de 30 à 100 personnes), la méthode se déroulera de la manière suivante (annoncée par l'animateur) :

1° Exposé du problème, du thème à étudier, ou du cas à analyser. Présentation de la méthode adoptée pour faire travailler les participants (le Phillips 6/6 lui-même). Constitution des groupes (groupes de 6 se constituant librement par affinités et en auto-organisation).

2° Travail de tous les groupes sur le point exclusif préliminaire suivant : plan à adopter pour traiter le sujet. Temps imparti : 6 minutes.

3° De sa place, un membre de chaque groupe (les 6 minutes étant écoulées et l'animateur ayant arrêté le travail des groupes) annonce à tous les groupes le plan projeté par son petit groupe. Tous les groupes, par la voix de l'un des leurs, annoncent à tour de rôle leur propre projet de plan.

4° L'animateur fait la synthèse et inscrit au tableau les points successifs détaillés dont l'ensemble devient le plan d'analyse du problème ou du cas.
Il donne le signal du travail, à tous, sur le premier de ces points.

5° Travail de tous les petits groupes pendant 6 minutes sur le point 1. Arrêt du travail par l'animateur.

6° Compte rendu par un membre de chaque groupe (différent du premier si possible, de façon à ce que tous parlent en public) des conclusions de son groupe sur le point 1 du plan. Succession des rapports par groupe dans les mêmes conditions.

7° Synthèse des rapports sur le point 1, par l'animateur. Mise au travail sur le point 2.

8° Arrêt après 6 minutes. Rapports sur le point 2. Synthèse des rapports par l'animateur, ainsi de suite pour tous les points successifs du plan.

9° Synthèse finale de l'ensemble du travail par l'animateur après la dernière synthèse partielle sur le dernier point du plan.

N.B. — *Il faut veiller, dans cette méthode, à ce que les différents points du plan soient suffisamment limités pour pouvoir être traités en 6 minutes (une « élasticité » de cette discipline est possible, et il n'est pas rare que l'on soit amené à laisser 10 à 15 minutes). Par ailleurs, l'animateur doit faire une synthèse objective de ce qu'ont trouvé les groupes et n'apporte aucune suggestion ni interprétation personnelle. Vous retrouverez cette méthode plus en détail dans le fascicule :* La méthode des cas.

● *L'utilisation des moyens audio-visuels.*

Ces moyens (le film comme apport d'information, le film comme illustration ou comme support de cas, les vidéo-cassettes et le magnétoscope) ont fait l'objet d'un séminaire spécial (Pierre Lebel, *Audio-visuel et pédagogie*). Nous y renvoyons le lecteur.

3 La conduite des sessions de perfectionnement ou de formation

On a expliqué par l'accélération du progrès des connaissances la nécessité des sessions de perfectionnement ou de « recyclage ». De plus, depuis la loi de 1971, la formation continue est devenue une institution. Elle concerne toutes les spécialités et touche particulièrement les domaines où le changement scientifique ou technique est le plus rapide.

Dans d'autres domaines, c'est l'avènement de nouvelles sciences ou de nouveaux champs scientifiques, qui oblige les responsables à une mise à jour de leurs connaissances. La Dynamique des groupes, les communications, la théorie de l'Information sont, en Sciences Humaines, des illustrations de cette extension du savoir utile.

Enfin c'est surtout la lutte contre la routine et contre la sclérose des initiatives dans les entreprises ou les services, qui pousse les dirigeants à organiser des sessions dont le but essentiel est alors triple :

— permettre l'acquisition de connaissances nouvelles ;
— assouplir les attitudes de coopération et de travail en équipe ;
— stimuler les initiatives pour lutter contre la routine et la bureaucratisation.

Si tel est le but, les sessions de perfectionnement et de recyclage doivent utiliser des méthodes pédagogiques « actives », seules capables de « mobiliser » les participants et de multiplier le travail pédagogique des moniteurs par la mise en œuvre du dynamisme propre du groupe.

■ LES CONTRAINTES ET LES DIFFICULTÉS DES SESSIONS DE PERFECTIONNEMENT.

Par rapport à l'entreprise ou aux services, les sessions ont des contraintes parce que :

● Elles exigent que des responsables de différents échelons, retenus pour participer à ces sessions, soient retirés de leur service pendant le temps de la session.

Ceci crée des problèmes particuliers et doit normalement amener les dirigeants (ceux qui ont compris la nécessité de ces sessions) à planifier un roulement de participation qui pallie l'absence des personnes au niveau du fonctionnement interne des services.

● Elles exigent que les participants soient « motivés », c'est-à-dire que cela exclut la désignation autoritaire ou d'office, sans grande explication. Une politique générale d'information est nécessaire dans l'ensemble de l'entreprise, pour donner aux personnes le désir ou éveiller le besoin... de ce perfectionnement comme facteur d'enrichissement ou de promotion personnelle.

● Elles exigent que l'ambiance *générale* de l'entreprise ou des services puisse évoluer en même temps que les sujets soumis au recyclage. Un des facteurs les plus importants de découragement et de stérilisation rapide des effets des sessions vient de ce que les participants, de retour d'une session, animés d'une foi nouvelle, retrouvent l'immobilisme des conceptions antérieures, et se heurtent à l'incompréhension de leurs supérieurs, ceux-là mêmes qui les avaient invités à aller à la session.

Sur le plan de déroulement interne du séminaire, les sessions ont aussi des contraintes :

● Elles doivent se dérouler en temps limité, et donc être *intensives*.

● Elles doivent être organisées de préférence en dehors de l'entreprise ou de l'organisme professionnel, de façon à ce que le dépaysement par rapport aux conditions habituelles d'existence :

— facilite l'unité et le fonctionnement du groupe ;

— facilite l'acquisition d'un « esprit » nouveau ;

— favorise la concentration de l'attention ;

— permettre, par l'emploi complet du temps, l'intensification pédagogique.

● Elles doivent être composées d'un nombre réduit de personnes. L'optimum est de 12 à 30. Avec ce chiffre, beaucoup d'exercices pratiques comparatifs par petits groupes de 6 à 10 peuvent être faits.

● Elles doivent éviter le climat « scolaire », qui ajoute une résistance propre (le refus de retourner à l'école et d'être encore considérés comme des enfants), à la résistance au changement, résistance classique et prévisible.

● Elles doivent utiliser des méthodes actives, ce qui exige, de la part des animateurs, conducteurs de sessions, une formation et une attitude spéciales.

● Elles doivent répondre aux besoins et attentes de participants. Ceci exige que les animateurs n'hésitent pas à rechercher les attentes (interviews préliminaires sur les attentes) et les feed-backs (évaluations par journée).

■ LA CONDUITE DES SESSIONS DE GROUPE.

Nous avons développé ailleurs (fascicule : *Les méthodes actives dans la pédagogie des adultes*) les principes et les techniques d'application de la pédagogie active, et nous traiterons plutôt ici les points essentiels du rôle des moniteurs et de la conduite efficace des sessions de groupe.

• *L'organisation matérielle* doit être soignée. Les causes de fatigue purement physique doivent être éliminées le plus possible, et c'est le confort qui, dans les détails de l'organisation matérielle, doit être recherché.

Le programme — qui sera, dans ses lignes principales, communiqué aux participants avant la session — doit prévoir des temps de pause, des temps de réflexion personnelle et d'échanges libres.

Les salles seront choisies, quant à leur taille, à leur nombre et à leur équipement, en fonction des prévisions du programme (projection de films, exposés en grand groupe, travaux par petits groupes dans des salles isolées, etc...).

• *L'organisation pédagogique.* Toutes les formes de réunions, décrites dans ce fascicule, sont utilisables selon les moments du programme. Les moniteurs-animateurs ont des rôles divers et successifs à jouer. Ils doivent, avant tout, pouvoir changer de rôle.

Quatre points méritent d'être soulignés :

1° *Faire de plus en plus participer* (au fur et à mesure que le temps passe et que le groupe se met à exister comme groupe) *les stagiaires à l'élaboration de l'emploi du temps et du programme par journée.*

2° *Motiver toujours le groupe avant les exposés d'information générale.* Nous avons vu ci-dessus des techniques possibles (méthode interrogative,... réunion préliminaire), mais une des méthodes les plus constamment efficaces consiste à faire faire les exercices pratiques *avant* l'exposé d'information correspondant.

3° *Exploiter à fond les exercices pratiques.* Après chaque exercice, il est recommandé d'en exploiter les résultats :

— en faisant une interview du groupe ou des divers sous-groupes sur ce qui a été vécu pendant l'expérience ;

— en faisant découvrir au groupe (par interview ou par réunion-discussion) les éléments de conceptualisation qui sont à tirer des données expérientielles ;

4° *Prévoir une animation du grand groupe* (sous forme de débat libre) *après les exposés d'information générale.* Prévoir même des réunions-discussions dont le thème sera « réflexions sur l'exposé magistral qui vient d'être entendu » ou « réflexion sur le thème » (de cet exposé).

Il est intéressant de noter, à ce propos, qu'au cours du fameux séminaire historique de Bethel (U.S.A.) d'où sont « sorties » tant de recherches sur la dynamique des groupes et les méthodes actives, on s'aperçut que les réunions « informelles » des participants et des animateurs *en dehors* des exposés magistraux avaient une valeur formatrice supérieure aux exposés eux-mêmes (cf. séminaire : *La dynamique des groupes* - Historique du groupe T).

• *Le renforcement de l'assimilation des connaissances.* Il y a dans beaucoup de sessions de recyclage, des conférenciers extérieurs, invités à exposer leur savoir et leur expérience. Nous avons vu ci-dessus les impératifs classiques de cette procédure et quelques méthodes renouvelant le schéma trop rigide de la conférence d'information. En session, lorsque l'exposé est jugé tout à fait central par rapport aux buts, les animateurs ont un moyen simple pour renforcer l'assimilation des connaissances offertes et pour lutter contre le terrible pourcentage de déperdition de l'exposé magistral (80 à 90 % de perte d'information) :

Après la conférences, on crée des groupes restreints (8 à 10 participants), animés par les animateurs officiels permanents, et ces groupes ont pour buts : 1) de reconstituer l'information reçue (chacun ayant retenu 10 à 15 % de l'information, cette nouvelle mise en commun permet de retrouver presque tout, l'animateur reformulant, reclassant et organisant les questions-réponses dans le groupe) ; 2) de retirer tout l'intérêt des informations reçues, dans la perspective des buts de la session ou des objectifs culturels ou professionnels des participants.

N.B. — *L'animateur n'est pas ici un répétiteur et il n'apporte rien sur le contenu. Il n'a qu'à mobiliser et faire circuler ce que chacun a retenu.*

• *L'organisation méthodique du feed-back.*

Les débats libres, dont il est question ci-dessus, sont déjà et authentiquement un feed-back. Nous avons vu (cf. p. 36) 'importance du feed-back pour l'assimilation de l'information par les participants et pour l'ajustement de l'émission par les moniteurs-conférenciers. Le feed-back doit être recherché de trois autres façons :

1° A travers les questionnaires d'évaluation par journée (ou par exercice dans certains cas sélectionnés). Cf. des modèles en annexe.

Le dépouillement de ces questionnaires apporte un premier feed-back et doit permettre éventuellement *des modifications de programme* pour ajuster la suite de la session aux attentes.

En outre, en rendant compte des résultats en grand groupe, les moniteurs apportent à leur tour aux participants un feed-back du feed-back, ce qui influe favorablement sur le moral.

2° Dans le dépouillement des questionnaires d'évaluation globale de session (le lecteur trouvera des modèles de questionnaire de ce genre en annexe au fascicule : *L'entretien de face à face...*).

Les résultats de cette évaluation globale, comme les précédents, doivent être intégrés au compte rendu écrit de la session, compte rendu qui sera remis ou envoyé individuellement.

3° *Dans le follow-up.* On appelle ainsi la ou les journées de « rappel » qui suivent, à distance de 1 à 3 mois, les sessions. Au cours de ces nouvelles journées, on peut (et on doit) rechercher le feed-back sur les résultats pratiques des sessions antérieures.

• *L'organisation de l'évaluation du groupe par lui-même,* grâce au guide d'évaluation (cf. modèle p. 99) et au follow-up. L'évaluation du travail fait en groupe a un effet sur le travail lui-même. Elle permet de prendre conscience de la dynamique du groupe et des obstacles (intérieurs au groupe) entravant la progression. Il est évident par conséquent que les moniteurs ont tout intérêt à faire procéder à des *évaluations*, par le groupe lui-même, après chaque exercice important. Cette forme d'évaluation fait partie, pratiquement, de l'exploitation des exercices (non plus au niveau de leur contenu mais surtout au niveau de la vie affective du groupe et des communications interpersonnelles). Des modèles de « guides » d'évaluation sont donnés en annexe au présent fascicule, pages 97 à 99.

■ L'AUTORITÉ DES MONITEURS-ANIMATEURS.

Pour les animateurs, le problème de l'autorité risque de se poser en termes de pédagogie classique. Autrement dit, la tentation, pour conserver l'autorité, est de se draper dans un statut magistral,... de chercher la supériorité dans un rôle de professeur. Il leur faudra lutter contre cette inclination naturelle.

Une autre autorité est possible, différente dans sa forme, *moins spectaculaire* mais entraînant finalement l'estime et le respect par la constatation des résultats : l'autorité venant de leur valeur d'animateurs, de la qualité des rôles joués et de leur vigilance permanente à l'égard des progrès du groupe.

Si l'on voulait comparer l'autorité statutaire *a priori* et l'autorité de la qualité pédagogique reconnue, on pourrait dire qu'elles varient en sens inverse : *l'autorité statutaire,* celle qui croit s'imposer d'elle-même par les titres, la place hiérarchique, la supériorité de l'attitude,... est une autorité qui, en l'absence d'enracinement dans la valeur pédagogique vraie, *diminue tout au long d'une session* parce que la durée et sa mise à l'épreuve du groupe en font apparaître progressivement l'inadéquation. Le groupe, transformé en classe de collégiens, finit par se distraire ou par se désintéresser, faute de pouvoir chahuter.

Au contraire, l'autorité de la compétence dans la conduite du groupe et dans la centration sur ses progrès réels, a des débuts difficiles. Elle étonne, elle irrite même parfois ; il y a des phases d'hostilité qui, lorsque le groupe s'unifie, font de l'animateur un bouc-émissaire tout trouvé. Mais cette autorité s'accroît tout au long de la session et finit dans sa reconnaissance unanime. La difficulté du rôle — ou des rôles — est évaluée et comprise.

Le groupe, satisfait de son propre fonctionnement, en rend grâce à son catalyseur et à son régulateur.

■ LE COMPTE RENDU GLOBAL DE LA SESSION.

Chaque session doit comporter un compte rendu et chaque participant doit le recevoir dans des délais raisonnables.

Le compte rendu est une « suite » normale et attendue. Il doit répondre à 4 caractéristiques :

1° *Ni trop long, ni trop bref.* Pour 3 journées, il faut tabler sur 60 à 70 pages ronéotées.

2° *Reflétant clairement le contenu de la session.* Les exposés d'information et de synthèse doivent s'y trouver sous forme de notes exemplaires, mais s'y trouveront aussi *in extenso* les rapports des différents groupes sur les thèmes soumis à discussion.

3° *Reflétant l'ambiance du groupe.* Il comporte tous les tableaux d'évaluation, ainsi que les résumés des débats libres.

4° *Il doit être un instrument de travail personnel ultérieur* plutôt qu'un album-souvenir. De ce point de vue, les remarques pratiques, les considérations utiles et concrètes auront le pas sur les connaissances théoriques (qui seraient trouvées aussi bien dans une bonne bibliographie) et l'accent sera mis sur les besoins de ce groupe-ci, avec ses problèmes socio-professionnels spécifiques, plutôt que sur les problèmes généraux.

Ainsi donc, l'animation des sessions de perfectionnement est un rôle délicat et complexe dont les responsabilités psychosociologiques et pédagogiques doivent compter davantage que le souci de l'autorité personnelle statutaire et même que la compétence sur le contenu.

A côté du technicien ou du conférencier spécialiste (qui peuvent toujours être appelés et qui « passent »), l'animateur a des fonctions originales et bien définies qui exigent une formation spéciale et une pratique.

EN CONCLUSION de cet exposé, nous soulignerons combien il est important pour tout animateur et pour tout orateur d'avoir la maîtrise non pas seulement de son sujet d'exposé (nous avons vu que dans certains cas l'animateur peut en être relativement ignorant) mais surtout de la situation elle-même dans ses aspects psychologiques et psychosociologiques. Ajoutons en ce qui concerne l'animateur de réunion, qu'il doit toujours savoir de manière précise *ce qu'il fait* et *ce qui se passe dans le groupe au niveau du vécu collectif.*

Cette double consigne va prendre encore plus d'importance dans la conduite des petits groupes de travail.

Quatrième Exposé

LES REUNIONS DE GROUPES DE CREATIVITE

L'extension du système des « suggestions », des « boîtes à idées », des « primes aux solutions nouvelles » montre qu'une Entreprise a toujours besoin d'*idées* *.

Parmi les méthodes variées (que nous évoquerons ci-dessous) je ferai un sort particulier au *brainstorming.*

Le brainstorming est une forme de réunion de petit groupe ayant pour objectif la production d'idées nouvelles. Le mot signifie *assaut de cerveaux* ou *assaut d'idées.* La méthode est née avant la deuxième guerre mondiale et a été formulée par OSBORN.

L'intérêt du brainstorming, du point de vue de la psychologie des groupes et du travail en groupe, vient de ce qu'il démontre, par une expérience facile à réaliser, la puissance créatrice du groupe bien conduit. La production est en moyenne de 150 à 200 idées à l'heure pour un groupe de 10 personnes ; parmi ces idées, 10 à 15 %, soit de 15 à 30 (après un dépouillement bien fait), demeurent et sont retenues pour leur originalité, leur réalisme, leur caractère de solution efficace du problème et leur applicabilité immédiate.

Si on analyse psychologiquement le processus de cette créativité remarquable, on doit constater qu'il est une variante particulièrement expressive du phénomène d'*interaction* sur lequel nous avons déjà insisté en ce qui concerne la vie et la valeur *de tout groupe.* Le brainstorming démontre que l'interaction, dans un certain climat qui la dynamise, est un processus créateur provoquant un effet « synergistique ». Cela signifie d'une part que la véritable interaction modifie, dans le sens d'une stimulation mentale, les individus qui en sont l'origine et l'impact,... et d'autre part que deux ou plusieurs apports peuvent se combiner de telle sorte que le résultat final soit supérieur à la somme des apports, comme par exemple 2 + 2 = 5.

*** Dans son séminaire *Le conflit dans l'Entreprise,* publié dans cette collection, Michel FUSTIER donne d'autres objectifs aux groupes de créativité, particulièrement la résolution des problèmes et des conflits. Nous en parlerons ci-dessous pages 58-60. Dans son autre séminaire intitulé *Pratique de la créativité* (paru également dans cette collection), Michel FUSTIER propose de nombreux exercices de développement de la créativité, individuelle et de groupe.**

1 *Indications et conditions de réalisation du brainstorming*

La définition même du brainstorming délimite ses applications.

■ DÉFINITION DES PROBLÈMES JUSTICIABLES DU BRAINSTORMING.

Un groupe sera réuni en séance de brainstorming lorsqu'il s'agira de trouver des idées ou des solutions nouvelles, lorsqu'il faudra avoir de l'imagination. La tâche du groupe sera en effet de produire le plus d'idées possibles sur un problème particulier.

● *Il s'agira nécessairement d'un problème réel pour la résolution duquel il faut avoir des idées.* L'analyse est supposée faite, les données du problème sont réunies, la situation problématique ou difficile est bien définie, et c'est seulement sur « les solutions » qu'il s'agit de déboucher.

● *Il ne peut y avoir de brainstorming que sur un problème simple,* c'est-à-dire non décomposable en plusieurs problèmes ou en plusieurs variables. Si le problème réel est complexe, il faudra de toute nécessité *le décomposer en parties simples,* et faire autant de réunions de brainstorming qu'il y a d'éléments (ces réunions peuvent être simultanées en des lieux différents avec des groupes différents, ou successives avec le même groupe. En diminuant le temps, on peut aussi enchaîner les séances).

N.B. — *Cette décomposition du problème (analyse de variables, de facteurs, de conditions, etc...) peut faire l'objet d'une réunion-discussion, ce qui est autre chose que le brainstorming.*

Si par exemple, quelque responsable de la circulation voulait faire un brainstorming sur : « *Comment résoudre les problèmes posés par la circulation dans la ville* », il y aurait lieu de traiter séparément (ou de choisir entre des éléments, tels que) : le problème du stationnement dans tel territoire du centre de la ville,... la circulation aux heures de pointe sur tel parcours,... les embouteillages produits par les accidents, etc...

Si un chef d'entreprise voulait faire un brainstorming sur : « *Comment améliorer l'information dans l'entreprise ?* », il n'obtiendrait qu'un échec, car le problème est trop complexe. Il faudrait préalablement l'analyser en autant de problèmes simples justiciables de brainstormings séparés, tels que : Comment accroître l'information sur telle de nos réalisations ?... Comment augmenter et diffuser la lecture du journal d'entreprise ?... Comment aménager les circuits de communication entre tel ou tel service ?... Comment lutter contre les rumeurs ?..., etc.

● *Il faut que le problème soit clair pour les membres du groupe.* A la simplicité méthodique du problème tel qu'il est défini s'ajoute la clarté de son exposition au groupe qui doit disposer de tous les éléments d'information nécessaires et suffisants. Si le groupe se réunit pour trouver un nom à une machine ou un slogan publicitaire pour un appareil, il est recommandé que la machine ou l'appareil soit présenté, expliqué, détaillé. Il ne faut pas craindre *à la phase d'exposition du problème,* de donner des chiffres, des graphiques, des explications, ni de répondre à des questions éventuelles.

■ LES TROIS PHASES D'UN BRAINSTORMING.

L'assaut d'idées proprement dit n'est qu'une phase dans un ensemble qui en comporte 3 :

1. *Exposé d'ouverture,* présentant le problème. Cet exposé doit être à la fois bien construit et clair, et le problème central doit être formulé avec une certaine dramatisation, suscitant la motivation des participants devant l'urgence et la gravité du problème. Il est fait par l'animateur. Durée : 10 à 15 minutes. Au terme de sa présentation, l'animateur résume le problème en une seule question parfaitement claire.

2. *Assaut d'idées,* phase productive du brainstorming. Durée . 1 heure à 1 h 30.

3. *Phase de dépouillement* des idées émises, d'où sortiront les idées retenues. Durée variable de 2 à 3 heures.

De ces trois phases, la première est suffisamment claire. Nous nous occuperons plus spécialement des deux suivantes.

■ CONDITIONS DE RÉALISATION DU BRAINSTORMING PROPREMENT DIT, OU PHASE PRODUCTIVE.

● *Le groupe* est composé de 8 à 12 personnes avec optimum de 10. Il est formellement recommandé de réunir des personnes de statut social comparable, nous verrons ci-dessous pourquoi. OSBORN pense qu'il faut prévoir 5 membres « réguliers » choisis pour leur imagination fertile et qui seront de tous les brainstormings. Les participants doivent avoir quelque compétence sur le problème présenté. Il est cependant recommandé de prévoir des membres d'une toute autre orientation d'intérêts. Les participants ont été prévenus qu'il s'agit d'une réunion de brainstorming par l'invitation ou la convocation qui leur a été adressée.

● *L'installation matérielle du groupe :* organiser le confort, la détente et l'absence de perturbations extérieures. A un moment optimum de la journée (excluant les séances nocturnes après une journée de travail ou en fin de semaine), on installe le groupe dans un local sympathique et isolé du monde ambiant. Des boissons, des cigarettes... sont mises à la disposition du groupe. La table sera la table sociométrique ou, à défaut, ronde ou ovale. Chaque participant a, devant lui, son nom sur un bristol. Les sièges doivent être confortables.

L'animateur est à la place prévue autour de la table sociométrique ou à une place lui permettant de présider la séance.

● *Les observateurs.* Il s'agit de prendre en notes toutes les idées émises. Cela peut se faire par enregistrement. Il est aussi commode, sinon plus, de prévoir des observateurs, chacun ayant à recueillir les idées de deux participants. Les observateurs se mettront à distance du groupe et se placeront de telle sorte qu'ils voient de face les participants qui leur ont été désignés (cf. figure).

Le rôle des observateurs consiste uniquement à prendre en notes les idées émises, sans mentionner le nom de l'émetteur, les unes à la suite des autres, en liste. Ils sont silencieux et ne se manifestent absolument pas au cours de la séance.

Lorsque les idées sont confuses, les observateurs les noteront seulement après leur reformulation par l'animateur. Ils ne relèvent pas les autres interventions de l'animateur.

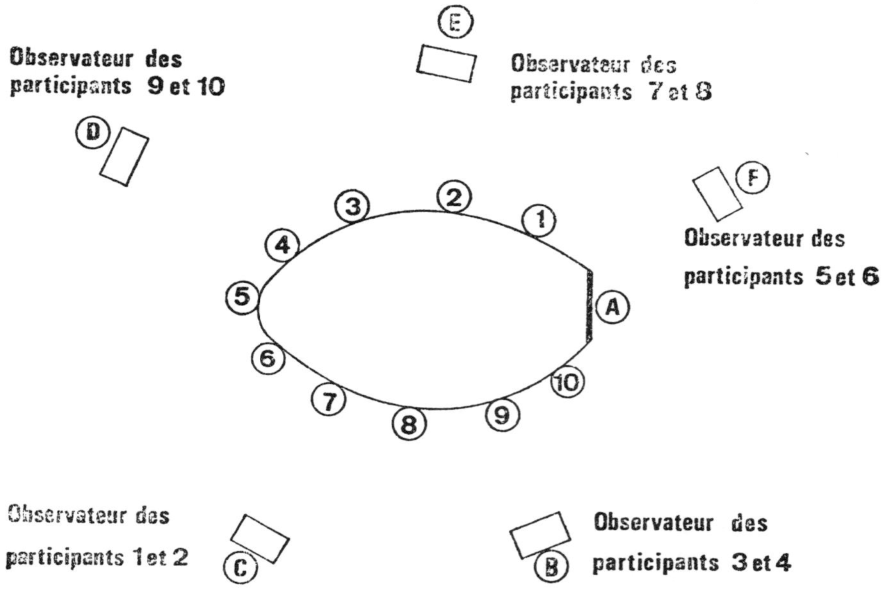

DISPOSITIF DU BRAINSTORMING

■ LES CONSIGNES.

L'animateur énonce les principes de sa méthode, dit comment il procédera (prévient de son rôle) et explique aux participants ce que l'on attend d'eux. Les consignes qui tiennent en 4 règles seront écrites sur un tableau ou sur une affiche. Les voici :

1° L'imagination libre est la bienvenue, même si les idées vous paraissent absurdes ;

2° Il s'agit de produire le maximum d'idées dans le minimum de temps. La quantité est demandée plutôt que la qualité ;

3° La critique et l'autocritique d'une idée émise sont rigoureusement interdites ;

4° Il faut écouter les idées des autres et associer librement à partir de cette idée (« cela me fait penser à... »).

Règle annexe. On lèvera la main pour signaler à l'animateur qu'on a une idée à émettre. On claquera les doigts pour signaler que l'idée qui vient d'être émise vous a fait penser par association à une autre idée ou à une surenchère sur cette idée. Le claquement de doigt a priorité sur la main levée.

L'animateur recommande aux participants d'écrire leur idée personnelle au cas où, pris par les associations sur les idées des autres, ils risqueraient de l'oublier. Il leur demande de ne donner qu'une seule idée à la fois.

Il prévient qu'il coupera la parole brutalement si l'on enfreint la règle 3.

C'est seulement ensuite (et après avoir répondu aux questions éventuelles de procédure ou de dispositif) qu'il fera l'exposé du problème.

■ L'IMAGINATION CRÉATRICE DANS LE BRAINSTORMING.

Vous constatez que de nombreuses précautions sont prises pour favoriser la création imaginative et pour éviter ses freins habituels.

● *Elimination de l'esprit critique, ennemi de l'imagination :* on a démontré expérimentalement (comme le bon sens pouvait le prévoir) que l'introduction du jugement critique tend à paralyser le flux des idées. Si l'on dispose 2 groupes, dont l'un a pour tâche d'émettre des idées et l'autre de les critiquer au fur et à mesure à haute voix, on peut constater que le nombre des idées émises est de l'ordre de 20 à l'heure.

La critique personnelle intérieure a le même effet paralysant. L'absurdité, la peur du ridicule, la sensibilisation à l'infériorité, le manque de confiance en soi, la mise à l'abri défensive contre les attaques de tout genre venant d'autrui,... freinent ou bloquent l'expression des « idées ». De là le dispositif assez impressionnant du brainstorming pour neutraliser ce facteur paralysant. « Même absurdes », « plutôt que la qualité », « critique et autocritique rigoureusement interdites », « couper la parole brutalement en cas d'infraction »... tout ceci crée une sorte de prime à la fantaisie, et renverse le système d'évaluation habituel (ici c'est le plus fantaisiste et celui qui aura le moins d'esprit critique, qui seront les plus conformes aux valeurs).

● *Pression directe exercée pour la productivité.* Outre les règles édictées (spécialement la règle 2), toutes les dispositions prises constituent autant de pressions plus ou moins discrètes exercées sur la productivité. Du point de vue de la dynamique de groupe, on peut penser que tout le système crée une compétition pour la créativité, y compris le fait que des observateurs (il est préférable de prévoir des observatrices si le groupe est composé d'hommes !) écrivent les idées émises par « leurs sujets ». Mais c'est le style de conduite de l'animateur qui sera la plus déterminante des pressions.

On constate que le nombre d'idées augmente avec le temps. Il est normal que dans le premier quart d'heure, la production soit plus lente que par la suite.

• *Imaginer.* Les participants entrent progressivement dans un « état » particulier où augmentent :

— la confiance dans l'imagination en général, et cela en voyant le rythme des idées émises. Ils retrouvent l'imagination créatrice, source de toutes les inventions, de tous les perfectionnements du monde ;

— la confiance en leur propre imagination, stimulée par les interactions et protégée contre l'esprit critique des autres ;

— l'audace dans leur production, dans l'expression, dans la surenchère ;

— la spontanéité qui fleurit dans l'improvisation et dans l'illumination d'une idée aussitôt formulée. D'emblée, les participants sont dans l'anticonventionnel, l'insolite, rompant ainsi notre vieux carcan rigide qui nous fait prendre l'habituel pour le vrai ;

— la confiance en autrui, dont les idées peuvent déclencher les nôtres.

C'est dans cet « état », et dans le climat créé par la technique de l'animateur, que les *interactions* alimentent le groupe et sa progression.

2 La conduite du brainstorming

La technique de l'animateur vient parachever ces dispositions et elle doit être précise. En ce qui concerne la technique, la fantaisie et l'improvisation ne sont plus de mise.

Nous avons vu ci-dessus le rôle de l'animateur dans la phase de présentation. Rappelons que pour composer son texte d'introduction des problèmes, l'animateur a interviewé plusieurs personnalités compétentes, compulsé des documents, sélectionné des faits et des chiffres, réuni les éléments de « son dossier », fait réaliser éventuellement tableaux, graphiques ou maquettes.

Son discours de présentation a un style discrètement dramatique, faisant ressortir le problème et son urgence. Cet exposé introductif dure une dizaine ou une quinzaine de minutes. Il se termine par un appel pressant : « Nous avons besoin d'idées neuves ».

Passons au rôle de l'animateur pendant la phase de production des idées.

■ LE ROLE DE L'ANIMATEUR.

● *L'animateur ne participe pas à la discussion.* Il n'émet, quant à lui, *aucune idée.* Des variantes existent sur ce point, que nous verrons en conclusion, mais l'expérience prouve que l'animateur a assez à faire pour diriger le groupe et qu'il est inutile de lui demander d'émettre ses propres idées sur le problème. Il est donc *non-directif* sur le fond.

Conséquence capitale : il accueille les idées les plus absurdes avec les mêmes signes d'encouragement que les autres. Aucune espèce de critique ou d'étonnement ne doit paraître dans son attitude, son regard, sa voix.

● *Il règle le travail du groupe et intervient d'abord sur la forme.* C'est lui qui donne la parole, qui fait respecter les règles, qui interdit toute critique dès qu'une ombre s'en présente (au bout d'un ou deux rappels à l'ordre, les participants « ont compris »). Il donne aux associations d'idées priorité sur la production directe, dans le tour de parole.

Il reformule toute proposition dont l'expression serait floue ou malaisée, et s'assure que c'est bien là, la pensée de l'auteur.

Pour les autres idées, il les répète si elles sont claires.

Il ne fait évidemment aucun commentaire.

Il a en permanence des attitudes d'encouragement, de stimulation et d'approbation.

Il considère tous les participants avec la plus stricte égalité.

● *Il dégage les « pistes ».* Après un certain temps de production des idées par le groupe, dès la « première vague » passée et en profitant d'un moment de calme, l'animateur formule « les pistes » exploitées jusque-là et donne ces pistes au groupe.

Cette opération exige de l'animateur qu'il fasse au fur et à mesure, par une analyse permanente du contenu, une classification (ou une catégorisation) des idées émises, qu'il en découvre *les directions.*

Autrement dit, les idées se distribuent dans des types, des thèmes, des catégories, des rubriques, des orientations, que nous appellerons *les pistes.*

La nomenclature de ces pistes est tenue par l'animateur. Présenter au groupe, dans les moments creux, la liste de ces pistes correspond à ce que nous appellerions « synthèse partielle » dans un autre type de réunion.

Dans le brainstorming, cette forme de synthèse partielle constitue une relance dont l'efficacité a été expérimentalement démontrée (recevoir des indications sur les directions dans lesquelles on peut chercher est à la fois une facilitation du travail, un soutien et une stimulation). Au cours d'une heure, l'animateur doit intervenir dans ce sens environ 5 ou 6 fois, chaque fois en profitant d'une accalmie des assauts.

■ EFFETS SUR LES PARTICIPANTS.

En dehors et en plus de ses objectifs réels (trouver des solutions neuves à une situation-impasse), le brainstorming a des effets psychologiques sur ses participants.

• *Exaltation et fatigue.* L'impression première générale est une exaltation, effet sans doute de l'état d'excitation intellectuelle et physique provoqué par le système, et par la satisfaction devant la productivité toujours étonnante d'un groupe conduit de cette façon. Dans l'heure qui suit, une fatigue certaine envahit les personnes qui ont participé.

• *Modification de la perception d'autrui et des relations humaines.* Une sorte de considération nouvelle s'éveille à l'égard des autres. Chacun s'aperçoit que les autres ont eu des idées et sont donc capables d'en avoir. De plus, les interactions rendent les participants *solidaires* dans la productivité.

• *Amélioration du moral et de l'esprit d'initiative.* Il est connu qu'un groupe ayant une longue fréquentation professionnelle tend à adopter une routine, c'est-à-dire à perdre l'esprit d'initiative.

Les brainstormings développent l'esprit d'initiative, et les conséquences en chaîne se font sentir à la longue sur les autres points : capacité créatrice, et moral du groupe.

En conclusion de ce paragraphe, on peut se demander si l'animateur d'un brainstorming peut être le patron lui-même. Ce sera d'autant plus difficile que le patron aura créé autour de son image et de son statut, des habitudes réactionnelles d'inhibition et de gêne. Sa présence *dans le groupe* est en tout cas, dans ces circonstances, un facteur de blocage plus fort que s'il occupe la place d'animateur. Pour qu'un chef puisse être animateur d'un brainstorming dans lequel figurent des personnes qui d'habitude sont sous ses ordres, il faut que soient réunies trois conditions *sine qua non :*

1° Le chef doit être capable de tenir le rôle tel qu'il est ci-dessus décrit (inutile de dire que cela est absolument impossible d'emblée) ;

2° Il doit avoir avec ses subordonnés des relations telles que la spontanéité et la liberté d'expression sont devenues habituelles chez ces subordonnés ;

3° Il doit donner habituellement suite aux conclusions et décisions des réunions de groupe qu'il a antérieurement provoquées dans son service, c'est-à-dire avoir donné déjà des preuves de sa confiance dans la valeur des groupes de travail.

Ajoutons que, dans certaines entreprises, existe un « groupe de brainstorming » (constitué de personnes qui ont en général suivi un stage de développement de leur créativité, et qui ont par ailleurs un emploi régulier dans l'entreprise). Ces personnes sont extraites de leur poste habituel et réunies en brainstorming dès qu'un problème relevant de cette technique apparaît, ou même à intervalles réguliers.

3 *L'exploitation des résultats*

La phase créatrice a sollicité la quantité plutôt que la qualité. Il faut nécessairement que le brainstorming comporte une phase de dépouillement et d'examen critique des résultats obtenus. On a remarqué que les idées s'améliorent *en qualité* à mesure qu'avance la phase créatrice.

Dans certaines variantes méthodologiques, on attend « l'idée » qui sera la bonne idée et qui signe la fin de séance. Cette variante technique n'est utilisable que lorsqu'on cherche un nom (un titre, une dénomination, un slogan). Il jaillira des interactions à un moment donné et ralliera aussitôt l'adhésion enthousiaste de tous les participants. Lorsqu'il s'agit de trouver des solutions à un problème, le travail créateur précédemment décrit se prolonge en une séance de dépouillement.

■ LA MISE AU POINT DE LA COLLECTE.

Il convient d'abord de prendre connaissance de la moisson et de la faire la plus large possible.

• *Etablissement de la liste des idées recueillies.* L'animateur prend connaissance de la totalité des idées et les classe par catégories. Puis il fait dactylographier cette liste classée, en veillant à la numérotation de chaque idée (ceci afin de faciliter le repérage ultérieur). 4 exemplaires de cette liste sont préparés pour le jury critique.

• *Recherches d'idées supplémentaires.* Certains spécialistes du brainstorming introduisent une étape supplémentaire entre l'établissement de cette liste et la réunion du jury, cette étape ayant pour objectif propre d'augmenter encore si possible le nombre des idées.

Plusieurs procédés sont utilisés, qui ne s'excluent pas :

— Rappel téléphonique individuel des participants par l'animateur le lendemain de la séance, « de façon à ce qu'il y ait eu une nuit de maturation des idées ». Il leur demande s'ils ont des idées nouvelles à ajouter et en prend note ;

— Expédition de la liste entière (dactylographiée en nombre suffisant, sans numération, avec les catégories signalées, et avec des blancs importants entre les catégories) aux participants, avec consigne d'ajouter, après lecture, les idées nouvelles personnelles (travail individuel) ;

— Présentation de la même liste à des personnes étrangères au groupe de travail, avec la même consigne.

N.B. — *Dans une autre variante de la méthode, on prépare au contraire la productivité par une intervention spéciale* avant *la séance. Elle consiste à envoyer aux participants, la veille de la réunion prévue, un document résumant le texte d'introduction du brainstorming, posant la question et demandant d'y réfléchir.*

■ LE JURY DE SÉLECTION.

La liste définitive, classée et numérotée, finit par arriver devant un jury qui se réunit le plus tôt possible.

● *Sa composition.* Sous la conduite de l'animateur, un jury composé de 3 ou 4 personnes (ce qui évite les phénomènes de petits groupes) se réunit à l'abri des perturbations, pour une séance d'examen critique des idées. *Aucun participant du brainstorming ne fait partie du jury.* Ce sont des personnes compétentes, intéressées par l'issue du problème, et en connaissant toutes les dimensions.

● *Ses critères.* Les critères de la sélection (annoncés au jury par l'animateur avant le travail) sont fondés sur la recherche de la *qualité* par opposition à la phase productive. La fonction de jugement critique reprend donc tous ses droits. Les 4 critères sont : *l'originalité* (idée non assimilable à quelque chose déjà fait ou déjà tenté), le *réalisme* (idée réalisable avec les moyens actuels ou avec des moyens nouveaux eux-mêmes réalisables), la *proximité temporelle d'application* (réalisable en peu de temps), *l'efficacité* (valeur effective comme solution du problème). Le jury examine les idées une à une.

● *Son travail.* Deux aspects sont à retenir :

D'une part le jury opère la sélection. On sait qu'avec ces critères, le résultat est la sélection de 10 à 15 % du total des idées.

D'autre part, en réexaminant les idées non retenues, les membres du jury essaient de voir leur valeur potentielle soit par combinaison des unes avec les autres, soit par transformation, soit par examen des moyens qu'elles nécessiteraient. Des essais de vérification peuvent, dans certains cas, être décidés pour telle ou telle idée

4 Les groupes de résolution de problèmes et de conflits

La créativité est à la mode : après OSBORN et son *brainstorming*, GORDON a proposé *la synectique*, DEMAREST et DRUEL *la créatique*, BEAUDOT *la pensée divergente*.

Dans cette collection même, Michel FUSTIER a publié son séminaire *Pratique de la créativité*. J'ai parlé des problèmes de la pédagogie de la créativité au cours du séminaire *Les méthodes actives dans la pédagogie des adultes*.

■ LE TRAVAIL DU GROUPE DE CRÉATIVITÉ DANS LA RÉSOLUTION DE PROBLÈMES ET DE CONFLITS.

Dans toutes les méthodes, il s'agit : 1) *d'un groupe restreint*, de façon à ce que les interactions et interstimulations permettent un opti mum de puissance d'invention, 2) *d'un groupe entraîné* (ayant reçu une formation spéciale, ou ayant déjà pratiqué souvent ce genre de réunion), 3) *d'un groupe parfaitement informé* du problème et de ce qu'on attend du travail commun.

Je n'entrerai pas dans le détail des *méthodes d'entraînement* qui supposent toutes une analyse du processus de l'invention (la *synectique* est typique sur ce point), ni dans les modalités de l'entraînement. Je m'en tiendrai à des problèmes de fonctionnement pratique.

● *Une première phase est constituée par l'analyse du problème ou de la situation conflictuelle.* Cette phase peut durer plusieurs jours et provoquer des démarches de complément d'information. Elle est évidemment essentielle, car d'une part elle « imprègne » les participants, du problème, et d'autre part elle assure le réalisme futur de la solution.

● *Une seconde phase est constituée par la recherche active d'une solution.* C'est la phase de créativité proprement dite. Elle peut prendre aussi plusieurs jours. Le groupe entre dans un état de tension participative créatrice, au terme de laquelle plusieurs solutions possibles sont formulées.

● *La troisième et dernière phase,* retour au rationnel et à l'analyse, consistera à exploiter les solutions retenues, à en déterminer tous les détails, à en envisager toutes les conditions et conséquences. Le choix final et la décision seront remis à l'instance de décision, responsable des suites à donner.

Je reprendrai ici les recommandations développées par Michel Fustier dans les deux séminaires consacrés à ces questions (*Pratique de la créativité* et *La résolution de problèmes*) et je résume, vous renvoyant à ces fascicules pour plus ample information et pour les exercices pratiques.

■ LES MÉTHODES DE LA SECONDE PHASE.

● *Le concassage.* Méthode utile de toutes façons comme première approche, le « concassage » permet de se mettre à distance de la solution actuellement en œuvre (mauvaise puisqu'elle a engendré des problèmes ou un conflit). La méthode consiste à formuler clairement ce qui est fait ou ce qui se passe dans l'Organisation par rapport à la situation conflictuelle, et à « triturer » dans tous les sens la solution actuelle insatisfaisante :

- — suppression (*qu'est-ce qui se passe si on la supprime ?*)
- — augmentation (*si on la généralise, si on l'alourdit, si on la complexifie par addition de mesures ?...*)
- — diminution (*si on la réduit à sa plus simple expression, si on supprime des parties successives, si on restreint ses applications, si on restreint ses ressortissants ?, etc.*)
- — combinaison (*si on la combine à telle ou telle solution d'un autre problème ?*)
- — inversion (*si on fait juste le contraire, si l'on change l'ordre chronologique ou spatial ?* etc.)
- — modifications (*si on change chaque point en gardant le reste ou plusieurs en même temps ? etc.*)

● *L'analogie.* Cette méthode consiste à rechercher, dans un premier temps, toutes les situations *extérieures* à la situation considérée, mais présentant avec elle une ressemblance de près ou de loin. Chacun cherche et formule ce à quoi cette situation le fait penser. « Ainsi le magasin de pièces détachées » écrit M. FUSTIER, « a fait penser : à l'épicerie, à la banque, au bureau de tabac, à la pêche, à une bibliothèque publique, à une razzia, à une école, etc... ». Chacun expose en quoi l'analogie lui paraît valable, et le groupe, formulant les principes de la solution dans l'analogie, essaie de les transposer dans son vrai problème.

- *Les pistes.* Le groupe définit le plus grand nombre possible de voies de solution, en formulant le principe ou le but de chacune. Dans un deuxième temps, le groupe examine à fond chacune de ces pistes « avec l'obstination et l'imagination que l'on y mettrait si, prisonnier, on cherchait à s'évader et que ce soit la seule voie possible » (M. FUSTIER).

- *Le système idéal.* Sans tenir compte des contingences actuelles, le groupe construit le système idéal qui apporterait le maximum de satisfactions aux fonctions formulées lors de l'analyse de la situation. De là, le groupe réfléchit sur *les écarts* entre cette solution idéale et la solution actuelle. Puis, tenant compte du réel, étudie chaque écart et le modifie en direction de l'idéal.

■ LE ROLE DE L'ANIMATEUR.

Régulateur et stimulant d'un groupe où tous les esprits en interaction (et sans problème intérieur au groupe) « carburent » intensément, l'animateur n'apporte rien sur le fond mais son rôle est difficile. Ce rôle est annoncé dès le début.

- *Il veille aux conditions matérielles* (confort, approvisionnement, tranquillité des séances, temps, dispositif spatial optimum).

- *Il facilite et régule la phase 1,* en ayant l'autorité nécessaire pour faire venir toutes les informations utiles ou même les personnes concernées à interviewer. Il veille à ce que le groupe fasse l'analyse *complète* de la situation sans qu'il y ait à ce moment, interférence de l'imaginaire ou des hypothèses. Il incarne la méthode du groupe, méthode dont il est le gardien. A cette phase le groupe « prend la mesure » du problème réel, de ses causes, de ses effets, des gens concernés, des contextes présents (institutionnel et législatif, technologique, social, psychologique). Il rédige le rapport de cette phase.

- *Il reformule, stimule, garde en mémoire et rappelle tout ce que le groupe trouve en phase 2,* tout en évitant les interférences de méthodes. Il rédige toutes les formules finales de synthèse ou d'accord pour que le groupe puisse s'y reporter en cas de besoin.

- *Il rédige les solutions qui se dégagent à la phase 3,* après les reformulations-synthèses faisant l'accord du groupe, et il a donc la charge d'établir le dossier final qui contient tous les éléments de décision pour résoudre le problème ou le conflit.

Ne considérez surtout pas votre rôle, dans la conduite de ce type de réunion, comme celui de secrétaire du groupe (ce que vous serez aussi, bien sûr). Il y a en effet une *directivité formelle* à assurer, qui libère le groupe mais sans laquelle les participants rapidement ne savent plus où ils en sont.

Sachez aussi, en conclusion, que dans les séminaires sur la conduite des réunions, les expériences de groupe de créativité ou de brainstorming (sur problème réel) ont un effet dynamisant et convaincant. Elles ont un effet positif sur l'ambiance et le moral du séminaire ; elles renversent bien des préjugés sur la stérilité des groupes.

Cinquième Exposé

LA CONDUITE DES REUNIONS DE PETITS GROUPES

Dans la mesure où l'on a authentiquement l'intention — en tant que conducteur des réunions en petit groupe de travail — de « faire travailler le groupe » et donc d'utiliser son dynamisme latent, l'essentiel devient, pour le responsable, de susciter et d'entretenir la participation des membres du groupe.

Si, confondant les genres, il prend seul la parole et use de son statut d'autorité pour suggérer des idées (les siennes) au groupe, il bloque et interdit pratiquement la participation, ou n'obtient qu'une participation sporadique, limitée à des interventions individuelles plus ou moins stéréotypées, mais jamais d'interactions.

C'est à cause de cela que, par un effort systématique en sens inverse, la psychologie des petits groupes (ensemble de connaissances et de méthodes qui est connu aujourd'hui sous le nom de *Dynamique des groupes*) en est arrivée à la notion de *non-directivité* *. Cela signifie : le conducteur du groupe ne doit pas intervenir sur le fond, ne doit pas donner ses idées ni ses opinions personnelles, il doit seulement veiller à susciter, organiser et « réguler » la participation des membres. Dans cette perspective, *diriger le groupe* ne signifie pas l'entraîner derrière soi vers des idées qui nous sont chères, mais avoir la maîtrise des forces considérables qui sont en puissance dans le groupe, les utiliser et leur faire produire leur optimum.

Cette définition exclut de toute évidence le laisser-faire. Le laisser-faire est une forme d'application du non-directivisme chez certains chercheurs dans leur conduite de groupes *expérimentaux*. Il comporte une indifférence complète aux objectifs réels du groupe et un intérêt exclusif pour la recherche des lois psychologiques dans ces conditions d'expérimentation. Il n'est donc pas question d'appliquer cette forme d'observation dans la conduite de groupes industriels ou sociaux à objectifs précis.

Par contre la non-directivité, entendue comme *non-interventionnisme sur le contenu et régulation active du groupe* (pour éveiller, contrôler et utiliser son dynamisme) est une attitude à la fois difficile et efficace, exigeant compétence, entraînement et connaissance de la Dynamique des groupes.

---

* La *non-directivité* est associée habituellement au nom de Carl ROGERS (cf. fascicule *L'entretien de face à face dans la relation d'aide*). En Dynamique de groupe, cette méthode a été utilisée historiquement dès 1935 par Kurt LEWIN.

C'est dans le cadre général de cette attitude que nous allons préciser ses différentes techniques d'application en fonction des genres de réunions de petits groupes et de leurs objectifs.

1 *La conduite des réunions-discussions*

Dans ce genre de réunions (cf. ci-dessus, p. 13), l'animateur est appelé aussi aujourd'hui « modérateur » (on dirait mieux « régulateur »).

Nous avons exposé ailleurs (cf. séminaire : *Les méthodes actives dans la pédagogie des adultes,* p. 61) la justification du rôle de l'animateur non-directif dans les groupes de travail (groupes de réflexion, groupes de formation, groupes d'étude de problème ou de décision, commissions, etc...). En effet, la productivité du groupe et l'utilisation de ses énergies créatrices latentes exigent *l'égalité de droit de tous les participants,* seule garante de l'égalité de droit à participer et donc de l'emploi réel du potentiel de tous les cerveaux réunis dans ces circonstances et avec ces objectifs. C'est dans ces conditions de base que la participation se fera et entraînera les interactions dont nous avons souligné la nécessité et la valeur.

Or, *tout groupe laissé à lui-même se structure spontanément.* Certains membres, usant de leur statut antérieur ou s'emparant de l'autorité, cherchent à influencer le groupe et à imposer leurs idées, ce qui stérilise la créativité potentielle du groupe comme tel.

L'animateur non-directif (ou régulateur) apparaît, de ce fait, comme *le gardien de l'indispensable égalité de droit.*

Ces considérations font mieux percevoir ce qu'ont d'inutile et d'inefficace les réunions habituelles où un Président (ou un leader directif) dirige et oriente la discussion. Elles justifient les diverses fonctions que doit assurer l'animateur au cours de la préparation et du déroulement de la réunion.

■ PRÉPARATION DE LA RÉUNION.

Une réunion n'étant pas seulement le groupement occasionnel de certaines personnes en un lieu quelconque, la phase de préparation est importante.

• *Les conditions matérielles.* Le nombre des participants (de 5 à 10), la salle à l'abri des perturbations, la disposition des tables, les conditions minima de confort ont déjà été vues par ailleurs. Ce sont les mêmes. La mention des noms devant chaque participant est à ne pas omettre.

Plus spéciaux aux réunions-discussions sont « les aides techniques » que constituent *les tableaux*. Il est bon d'en prévoir 3 (tableau noir et tableaux de papier, ces derniers permettant de conserver trace de ce que l'on aura inscrit) : l'un pour le plan, un second pour les idées en réserve ou les incidents particuliers (cf. ci-dessous), un troisième pour noter les conclusions acquises.

• *Le temps de la réunion :* moment choisi et durée à prévoir (cf. ci-dessus, p. 20).

• *Le choix du sujet et des participants.* Le choix du sujet est généralement imposé par les circonstances, sinon il répond à une opportunité ou à un intérêt manifesté dans le groupe.

Les participants, lorsqu'ils doivent être choisis, le seront en fonction :

— de leur compétence ou de leur expérience ;

— de leur intérêt pour le sujet et de leur désir d'apprendre ;

— de leurs aptitudes à participer à une réunion de groupe et à faire progresser le groupe.

• *La préparation du sujet par l'animateur.* L'animateur doit réunir toute documentation nécessaire à la présentation du sujet telle qu'il devra la faire au groupe en début de réunion. Il ne s'agit pas de traiter le sujet mais de *le présenter pour introduire une discussion.* C'est donc surtout les aspects problématiques du thème ou les faits dont l'interprétation fait question,... que l'animateur cherchera à connaître et à rassembler au cours de son travail de préparation.

Par ailleurs, il doit s'être fixé à l'avance deux données essentielles pour régler son action future :

1° La marge de liberté qu'aura le groupe (simple discussion ou droit de proposer des solutions et décisions ?) ;

2° Le type de présentation de son introduction : il dispose pratiquement de 4 schémas possibles :

— schéma POUR/CONTRE/BILAN, c'est-à-dire : Avantages - Inconvénients - Evaluation ;

— schéma SITUATION ACTUELLE/CAUSES ACTUELLEMENT CONNUES/SOLUTIONS, c'est-à-dire : Description de ce qui ne va pas - Recherche des causes et des issues ;

— schéma ETUDE DE PROBLEME avec ses contraintes et ses variables, entre lesquelles se dessineront des solutions possibles ;

— schéma CONCILIATION D'OPINIONS DIVERGENTES.

• *La « préparation » des participants.* Il faut les convoquer avec un délai suffisant et des indications précises sur le lieu et l'heure. Il faut les informer de l'objectif et de l'objet de la réunion.

— *L'objectif* définit le but général, la finalité de la réunion. Cette définition permet de prévoir clairement le type de réunion. Sera-ce un débat avec confrontation d'opinions ? une commission qui aura des responsabilités ? une réunion à buts d'entraînement ou de formation ? La finalité de la réunion doit être indiquée avec précision.

Si des observateurs (ou un public) doivent assister aux débats du groupe, il faut le dire dans les convocations. Il faut aussi savoir les inconvénients de la présence d'un groupe d'« observateurs » qui peut devenir « groupe de pression » et « casser » la participation (cf. p. 20).

— *L'objet* de la réunion est le thème, la ou les questions qui seront débattues. Il est matérialisé généralement dans l'ordre du jour.

Il est souvent agréable aux participants d'avoir sur le thème ou objet de la réunion une courte information esquissant l'introduction prévue par l'animateur.

■ LE DÉROULEMENT DE LA RÉUNION.

● *L'ouverture.*

1. L'accueil, la présentation et la qualification des participants, constituent une phase préliminaire qui doit être faite sans hâte de façon à laisser le temps au groupe de s'installer dans la situation. Le « tour de table » au cours duquel, par de brefs dialogues successifs, l'animateur fait dire à chaque participant quelle est son expérience du sujet ou pourquoi il s'y intéresse,... permet de meubler substantiellement le délai nécessaire.

2. L'animateur définit alors les objectifs du groupe et de la réunion.

3. Il définit ensuite clairement son rôle et la manière dont il entend conduire la réunion.

4. Enfin l'animateur présente le thème de la discussion, selon le schéma qu'il a préparé ; il met éventuellement à la disposition du groupe (moyens audio-visuels si c'est prévu) l'information qu'il a recueillie, et résume, en terminant, l'objet propre de la réunion. Cette introduction prend un temps variable, mais elle doit être courte (de 10 à 15 minutes si l'information est seulement verbale).

● *Le déroulement de la discussion.*

Conformément à ce que nous avons déjà dit à ce sujet, l'animateur n'intervient pas sur le fond. Il a la responsabilité :

— de la production du groupe dans le temps imparti,

— de la facilitation de la participation de chacun et des interactions,

— de la régulation de la progression générale.

A partir du moment où la réunion est lancée, *tout doit venir des participants en ce qui concerne le contenu,* même et y compris le plan. Comme il apparaît généralement que le plan de travail ne peut venir au jour qu'après un « échauffement » des participants et une confrontation des divergences d'opinions, il me semble, à la lumière de l'expérience, qu'une *première réunion* ne peut pas accoucher du plan avant une bonne vingtaine de minutes. Tout plan proposé avant ce délai finit par créer une gêne et l'animateur doit se garder de sauter sur la première idée de plan proposée par un participant, car cette proposition est généralement un signe de précipitation vers une planche de salut.

Il y a un « moment » où le besoin d'un plan est collectivement ressenti et ce sera le moment de mettre le groupe sur cette suggestion.

Donc trois grandes phases, que l'on peut schématiquement définir ainsi :

Phase 1. — Phase d'échauffement et de confrontation des opinions. Le rôle de l'animateur va consister à obtenir l'opinion de chaque membre et à rechercher leur confrontation, sans avoir peur des divergences qu'il faut au contraire souligner.

Phase 2. — Elaboration en commun d'un plan de travail.

L'animateur doit obtenir un plan recueillant l'accord général et pour cela faire la synthèse des propositions. Le plan est écrit au tableau 1.

Phase 3. — Discussion réglée par les points successifs du plan.

Chaque point doit faire l'objet d'une synthèse partielle écrite au tableau.

Phase 4. — Synthèse finale qui doit recueillir l'accord du groupe.

■ LE ROLE ET LES TECHNIQUES DE L'ANIMATEUR.

D'abord et avant tout, deux grandes opérations permanentes :

La reformulation des opinions individuelles, opération qui facilite l'expression (démontre l'accueillance intégrale de la part de l'animateur), oblige les autres à écouter les idées émises, stimule les interactions.

La synthèse, opération également fondamentale qui se fait à tous les niveaux : reformulation-synthèse d'une intervention un peu longue, synthèse entre deux ou plusieurs opinions, synthèse par phase, synthèse partielle par point du plan, synthèse finale.

D'autre part, un ensemble de procédés d'animation :

1. *La question-test.* Elle a pour but de faire définir un mot ou un concept que, visiblement, les participants utilisent dans des acceptions différentes. Elle est utilisée aussi pour faire définir un mot inconnu, employé par un participant, ou une allusion obscure.

2. *L'appel direct à participation.* Utilisé pour faire parler un silencieux après un certain temps (ne pas brusquer et ne pas insister la première fois) ou un participant qui, par sa mimique, manifeste son désir d'intervenir.

3. *La question-écho.* La question posée par un participant à l'animateur est renvoyée à ce participant par l'animateur sous la même forme en lui demandant de donner sa propre réponse.

4. *La question-relais.* L'animateur renvoie la question posée, mais à un autre participant.

5. *La question-miroir.* L'animateur renvoie la question posée, mais à l'ensemble du groupe.

6. *La relance,* ou rappel d'une question antérieurement posée à laquelle le groupe n'a pas répondu.

7. *Le reflet-élucidation,* ou analyse du sens d'une intervention au niveau du vécu du groupe, c'est-à-dire de ce qui se passe ici et maintenant entre les participants, au niveau affectif.

■ LES MOMENTS DIFFICILES.

Il en est de plusieurs sortes que nous allons décrire ainsi que leurs parades, mais nous laisserons de côté le problème important des *tensions négatives* qui freinent ou bloquent le groupe, source des malaises et des conflits. Nous avons décrit ces phénomènes dans le fascicule consacré à *La dynamique des groupes.* Nous supposons ici que l'animateur les perçoit, sait les diagnostiquer et les traiter.

Parmi les autres difficultés les plus fréquentes, retenons :

● *Le silence prolongé d'un participant.* Il faut renouveler régulièrement l'appel à participation. Un moyen traumatisant (à n'utiliser que dans des réunions ultérieures où le silence dure toujours ou en cas de blocage tensionnel du groupe par ce silence) consiste à passer en interview de groupe au cours de la séance, et à demander *aux autres* comment ils interprètent le silence de M. ou Mme X...

● *Le bavardage intempérant d'un participant :* résumer en reformulation-synthèse sans y attacher d'abord d'importance. C'est seulement en cas de gêne du groupe qu'on peut rappeler au participant l'horaire et la nécessité d'une expression égalitaire des autres, en lui demandant expressément d'être bref *. Finalement, on peut lui couper la parole pour la donner à un autre ou en profiter pour faire appel à un silencieux, par contraste souligné.

N.B. — *Ne pas oublier que toute « agression » effectuée par l'animateur déclenche généralement une solidarité du groupe entier avec le membre concerné et donc une alliance tacite contre l'animateur.*

● *Le leader.* Profitant du rôle de régulation qui interdit à l'animateur d'intervenir sur le fond, un participant s'empare du rôle de leader autoritaire (rôle vacant) et essaie de conduire le groupe de manière directive en lui imposant ses idées et ses méthodes.

L'animateur doit continuer à ne pas s'impliquer, donc à ne pas s'irriter intérieurement devant celui qu'il risque de voir comme un rival. L'objectif de la régulation doit rester présent à son esprit. La première réaction (débarrassée de tout sentiment de rivalité ou d'amour-propre) doit être de protéger l'égalité de droit et la participation interactionnelle de tous. Pour cela, après sa reformulation de l'intervention du leader directif, l'animateur souligne qu'« *il s'agit de l'opinion toute personnelle de notre collègue, et nous le remercions de l'avoir émise avec spontanéité, mais chacun a le même droit d'avoir et exprimer son opinion personnelle,... quelqu'un pense-t-il différemment ?* »...

Si le leader ne cherche pas à imposer son opinion veut seulement dynamiser le groupe, et si le groupe « suit », il faut laisser faire, après avoir cependant remarqué le phénomène au niveau de la dynamique de groupe. C'est seulement si l'intervention du leader crée une tension ou une *apathie réactionnelle* du groupe (cas le plus fréquent) qu'il faut trancher à un moment donné et interviewer le groupe sur son apathie, selon la technique d'interview.

---

* C'est là encore que l'on voit l'intérêt et l'importance d'une claire définition de son rôle, par l'animateur, dès le début de la séance, précisant qu'il est gardien de l'égalité de droit de tous à participer.

• *Le déviant.* Il s'agit du participant qui, peu ou prou enfermé dans un système, insiste opiniâtrement pour entraîner le groupe sur un problème plus ou moins hors-sujet.

On peut le calmer par le procédé de l'affichage au tableau (recommandé par MAIER) : la question est inscrite au tableau et mise ainsi ostensiblement en réserve « pour un moment opportun ».

Dès que le groupe aura abordé cette question, il faudra la rayer non moins ostensiblement. Si l'opposition est systématique, on est amené à se demander s'il ne s'agit pas d'un saboteur.

• *Le saboteur systématique.* C'est une vraie maladie pour la réunion-discussion, et plus il est intelligent plus il est pernicieux. Si l'on est sûr du cas (il faut d'abord avoir défini son système de sabotage), le mieux est de faire une suspension de séance, et d'aller s'expliquer directement avec lui en lui exposant son propre système. Il eût été préférable de ne pas l'inviter.

Si cela ne suffit pas, il convient d'exposer calmement *au groupe et en réunion,* les procédés de sabotage utilisés par ce participant, ainsi que leurs effets sur le groupe, sur sa progression, sur ses objectifs (« *alors, que faisons-nous ?* »).

• *Les fuites du groupe.* Lorsque des points « délicats » sont rencontrés par le groupe, on perçoit des « fuites », c'est-à-dire des conduites *d'évitement* par peur de se « mouiller », peur d'être jugé, peur des conclusions auxquelles on pourrait arriver, etc...

Au niveau de la dynamique du groupe, l'animateur perçoit la gêne ; au niveau du contenu, il constate les différentes manières de *s'évader du sujet,* de parler d'autre chose, de « glisser » discrètement. Le groupe « refuse un obstacle » et on peut préciser cette conduite collective en ramenant le sujet délicat sur le tapis et en assistant à la dérobade.

Au bout de 2 ou 3 expériences qui permettent à l'animateur de « localiser » l'obstacle, il doit « attaquer » par un procédé efficace qui est *l'affichage des risques* (méthode de MAIER). Voici comment procéder :

Après avoir formulé le problème-obstacle de manière impersonnelle en soulignant combien cette question est délicate et difficile à aborder, l'animateur propose *de ne pas l'aborder* (ce qui procure un soulagement général) mais de bien savoir pourquoi on la laisse de côté, c'est-à-dire de faire *la liste des risques.* Pour opérer cette manœuvre, l'animateur passe en position d'interview de groupe, et écrit au tableau les « risques » au fur et à mesure qu'il reformule les essais de définition donnés par les participants. Ne pas craindre d'accumuler ainsi tous les risques ; éviter d'en sous-estimer certains. Il faut tout écrire après avoir tout tiré au clair et tout formulé devant le groupe, en écho des remarques et idées du groupe lui-même.

On constate après cette tactique, si l'animateur sait conduire l'interview jusqu'au bout et expliciter aussi l'essentiel de chaque risque, que *le problème a perdu son caractère de danger.* Cette transformation s'explique par l'action même de clarification, processus psychologique analogue à la prise de conscience des significations vécues non contrôlées au niveau affectif individuel (cf. fascicule : *L'entretien de face à face dans la relation d'aide*).

• *Les silences du groupe.* L'animateur doit résister à la tentation de rompre le silence. Il doit évidemment comprendre la signification du silence du point de vue de la dynamique du groupe, mais il est absolument nécessaire qu'il laisse à un participant le soin de le rompre. C'est

« à distance » du silence — et seulement s'il s'agit d'un phénomène de tension ou de gêne — qu'il pourra *interviewer le groupe* sur le sens d'un silence prolongé.

En conclusion, les réunions-discussions bien conduites ont un double effet : d'abord elles atteignent les objectifs du groupe, ce qui confirme leur efficacité (des groupes menés en « parallèles » sur des thèmes identiques aboutissent à des conclusions identiques ou comparables, ce qui est le signe de la supériorité des groupes sur les individus du point de vue de l'objectivité)... *

Grâce à la médiation et aux techniques de l'animateur, les informations partielles détenues par chaque participant (fondements de son opinion) circulent et viennent accroître la somme d'informations disponible. Ceci a pour effet de mobiliser les systèmes d'opinions et de les faire évoluer par la nécessité d'intégrer des informations dissonantes.

Par là et par surcroît, les réunions-discussions bien conduites et répétées ont, sur les participants, un effet important *d'éducation sociale* non pas au sens d'une information reçue, mais au sens d'un assouplissement et d'une amélioration des attitudes sociales en général. C'est évidemment cet effet qui va être pris directement pour but dans les « groupes de formation ».

N.B. — *Nous ne parlerons pas ici des groupes de formation (T-groups, groupes de base, groupes de diagnostic et méthodes analogues) car d'une part ce n'est pas notre propos, d'autre part nous leur avons consacré une large analyse dans le séminaire :* La Dynamique des groupes.

2 La conduite des réunions d'information ascendante ou interviews de groupe

A l'occasion des variétés de ce genre de réunion (cf. ci-dessus, p. 12), nous avons vu qu'elles étaient destinées à recueillir des informations, des opinions ou des impressions auprès d'un groupe concerné, impliqué dans le problème, ayant l'expérience de ce sur quoi il est interviewé,... soit parce que chaque membre a séparément des informations ou des impressions à donner, soit parce que le groupe en tant que tel a vécu une expérience collective sur laquelle on l'invite à s'exprimer (cf. séminaire : *L'interview de groupe*).

* Le groupe de discussion est également utilisé comme méthode active de sélection des cadres, donc alors dans un tout autre but, en considérant la situation comme un test (ou un simulateur). Cf. biblio : TIXIER.

■ LA PRÉPARATION DE LA RÉUNION ET DU GROUPE.

Il y a ici, en plus des opérations décrites à propos de la réunion-discussion, une opération spéciale qui consiste *à se faire accepter en tant qu'interviewer du groupe.*

Passons donc rapidement sur la préparation matérielle de la réunion, le nombre (toujours de 5 à 10), et sur le choix des personnes qui, dans le cas d'une enquête sur les besoins ou sur les conditions d'existence, peut se réduire à la détermination d'un « échantillon » représentatif d'un plus grand groupe.

La convocation doit annoncer « une réunion-discussion » (et non pas une interview de groupe), sur le thème qui sera celui de l'interview. Elle annoncera aussi le temps prévu (savoir que la durée sera de l'ordre de 2 ou 3 heures). La salle et la table de réunion, ainsi que le cadre, l'isolement du groupe et le confort de la séance, seront à organiser comme dans les réunions-discussions.

La préparation du groupe est à prévoir assez minutieusement parce que l'interview va consister à obtenir *des confidences du groupe,* non pas certes des confidences intimes (quoique ceci ne puisse être *a priori* exclu), mais des confidences sur ce qui fait l'existence sociale ou une part de l'existence sociale des personnes réunies.

Il y a, dans l'interview comme quête d'information, un aspect *enquête* qu'il serait absurde de nier ou de minimiser, et qui va naturellement déclencher les phénomènes défensifs ou écrans dont nous avons vu les nombreuses formes (et les parades) à propos de l'enquête psychosociale et de la relation enquêteur-enquêté (cf. séminaire : *Le questionnaire dans l'enquête psychosociale*). Pour faciliter l'interview ultérieure, il faut de toute nécessité et *avant* la réunion, se faire connaître du groupe ou être connu de lui. Dans ce but, il faut :

- S'être présenté individuellement aux personnes les plus « populaires » parmi les membres du futur groupe, c'est-à-dire celles dont les opinions servent de pôle attractif ou de pôle d'influence pour les autres, et même avoir eu préalablement avec ces personnes (et quelques autres) des *entretiens de face à face,* de style non-directif centré sur le problème (cf. séminaire :*L'entretien de face à face dans la relation d'aide,* chapitre sur « l'entretien centré »).

- Avoir vécu quelque temps dans le milieu de vie du groupe, avoir participé à certaines activités ou manifestations de la vie collective non seulement pour pouvoir être considéré comme relativement familier ou pour n'être plus un inconnu,... mais aussi pour apprendre le style d'existence du groupe, son vocabulaire, les objets de son environnement, ses habitudes, ses valeurs, son système de références existentielles, son « folklore » comme disent les sociologues.

- Avoir mérité sa confiance par la manière d'être et de se lier, par l'absence de curiosité intempestive ou désobligeante, par *une neutralité évidente* dans les conflits internes du groupe, par l'accueillance bienveillante à l'égard des opinions individuelles.

Tout le monde est d'accord pour considérer comme absurde ou pour le moins « peu rentable » comme source d'informations ascendantes, l'interview d'un groupe de contribuables sur la fraude fiscale, interview conduite par un agent du fisc,... l'interview sur le moral des internes d'un collège, conduite par le Préfet des Etudes ou le Surveillant général,... l'interview sur le malaise d'un service, d'un atelier ou d'un Bureau, conduite par un chef de Service redouté.

La peur d'être jugé est assez forte pour déterminer des blocages, des fuites, des défenses ou des réponses « de façade » (stéréotypes et banalités) dès que le *statut social* de l'interviewer ou le simple manque de confiance né de l'ambiguïté de son rôle (qu'est-ce qu'il cherche à savoir ? et pourquoi faire ?) permet des hypothèses inquiétantes souvent non formulées par la conscience réfléchie *.

Vous pouvez donc en déduire que d'une part, la moindre ombre d'idée préconçue éveillera ou réveillera la défensive du groupe (renforcée par une solidarité tacite), et que le cheminement sera long pour atteindre des sentiments profondément vécus par les interviewés.

Autre conclusion qui retentit directement sur la préparation de la réunion :

— pas de supérieurs hiérarchiques parmi les participants ;

— pas d'observateurs étrangers ou suspects, autour des interviewés.

■ LA CONDUITE DE L'INTERVIEW DE GROUPE.

L'objectif est bien de recueillir une information « ascendante », mais il implique que cette information concerne *l'existence sociale ou interpersonnelle* des participants, c'est-à-dire qu'elle n'est pas une suite de renseignements objectifs à obtenir comme autant de réponses à un questionnaire administratif, mais le résultat d'une élucidation de ce qui est éprouvé (ou a été éprouvé), vécu (ou a été vécu) par les membres du groupe au cours d'une certaine tranche de leur existence sans avoir été forcément jusque-là l'objet d'une réflexion.

Autrement dit, le groupe n'est pas nécessairement *conscient* de ce qui se passe (ou de ce qui s'est passé) pour lui. C'est donc un nouvel obstacle important qui se dresse devant l'interviewer. Obtenir la participation ne suffit pas, il faudra parvenir à tirer au clair des données psychologiques confuses, qui sont de l'ordre du vécu non-réfléchi et non pas de l'ordre de la conscience claire ni du savoir disponible.

N.B. — *Lorsqu'il s'agit de l'interview d'un groupe au cours d'une phase d'un autre genre de réunion (intervention de l'animateur au niveau de la dynamique du groupe ici et maintenant pour dépasser un blocage ou une tension, et reprendre ensuite la progression du groupe vers ses objectifs), cette préparation préliminaire peut être considérée comme faite puisque le groupe a vécu avec l'animateur et en même temps que lui, le moment difficile sur lequel il est alors interviewé. Cependant, il est absolument indispensable que l'animateur annonce clairement qu'il arrête momentanément le travail et qu'il propose d'interviewer le groupe sur ce qui vient de se passer.*

● *La phase d'introduction-présentation du thème.*

Il reste à introduire le thème d'interview d'une manière telle que la participation soit assurée — ou tout au moins facilitée.

---

* Sur ce point, cf. séminaire *Les réactions de défense dans les relations interpersonnelles* paru dans cette Collection.

L'animateur devra présenter le thème d'interview :

1. Sans prendre parti en quoi que ce soit, donc d'une manière neutre et impersonnelle, en manifestant un intérêt positif *pour le thème* et une sorte de désintérêt *pour les personnes.*

2. En considérant le thème comme un fait constaté, établi, objectif, ayant des signes et des effets dans des domaines divers qui dépassent les personnes présentes et le seul instant présent, ayant ou pouvant avoir des répercussions à distance.

3. En considérant les personnes présentes comme *des témoins* du phénomène, témoins dont les opinions, les impressions, les sentiments sont indispensables à la clarification du phénomène en question.

4. En se présentant lui-même comme ayant l'intention d'*aider le groupe* dans ses efforts de clarification, tout en gardant une neutralité complète sur le fond.

Selon la variété des réunions d'information ascendante et des interviews de groupe, l'animateur accentuera plutôt telle ou telle de ces 4 parties de son introduction, mais *elles devront figurer toutes les quatre.*

Disons tout de suite que ces déclarations ne sont pas des « ficelles », qu'elles correspondent à la vérité de « l'esprit » dans lequel agit l'interviewer,... et que leur formulation est nécessaire pour contrecarrer les obstacles individuels à la participation.

● *La phase d'interview proprement dite.*

En application du même « esprit » et de la même intention générale, l'animateur devra donner la preuve de cette attitude en veillant soigneusement à ces quatre impératifs :

1° *Faire parler chacun, recueillir tous les avis.*

Techniques correspondantes :
— Multiplier les appels à participation ;
— Faire appel directement aux silencieux ;
— Encourager, par sa mimique et par son attitude générale, les communications.

2° *Accueillir toutes les opinions avec la plus parfaite neutralité.*

Techniques correspondantes :
— N'émettre, à aucun moment, aucun jugement d'évaluation ;
— Se surveiller soi-même pour éviter tout signe extérieur qui pourrait marquer plus d'intérêt pour tel participant ou telle intervention ;
— Manifester l'égalité de droit des membres et l'égalité de valeur des opinions en les accueillant toutes également avec le même empressement, et en les prenant toutes en considération.

3° *Empêcher toute inhibition d'un participant par un autre.*

Techniques correspondantes :
— Si un participant affirme une opinion péremptoire impliquant que toute autre opinion est inacceptable ou idiote, ne pas hésiter à relativer cette opinion en disant :

« Nous venons d'avoir l'opinion personnelle, le point de vue subjectif de M. ou Mme X..., il y a sans doute d'autres opinions ou d'autres points de vue possibles... ? »

— Souligner le danger d'inhibition s'il existe. Dire : « *Chacun ici a la possibilité de s'exprimer avec la même égalité de droit...* », avec autorité s'il le faut.

— Accueillir avec la même bienveillance les opinions contradictoires.

4° *Eviter d'intervenir personnellement sur le fond.*

Technique :

— Non-directivité intégrale sur le fond. L'animateur n'a (et ne doit avoir) aucune opinion personnelle sur la question, et ne doit trahir en aucune manière une opinion éventuelle. Attention donc aux « interprétations » des opinions des autres en les reformulant.

N.B. — *Si cette attitude inquiète les participants ou devient la cause d'une frustration du groupe, c'est que l'animateur n'a pas assez bien défini son rôle au début ou qu'il ne s'est pas fait comprendre à ce moment-là. A une question directe de ce genre (« quelle est votre opinion personnelle ? ») qui lui serait adressée par un membre du groupe, il doit répondre par une redéfinition nette de son rôle.*

● *Dégager et clarifier les sentiments profonds correspondant au vécu du groupe* et qui, sous la multiplicité des opinions individuelles successives, représentent l'opinion réelle du groupe entier sur le thème de la réunion.

Nous avons déjà dit que l'interview vise à tirer au clair des données psychologiques (sentiments, attitudes, motivations, manières de percevoir et de comprendre) qui sont de l'ordre du vécu non-réfléchi. C'est ce niveau qu'il faut atteindre. Le dépassement des opinions immédiates et variées, vers une formulation de ce qui est un sentiment commun d'abord confus, exige la mise en œuvre de techniques précises de la part de l'animateur.

1° *La reformulation de chaque opinion dans le sens d'une élucidation progressive.* Cette technique, délicate et difficile, est le fruit d'une formation et d'une pratique. Nous ne pourrons y revenir ici. Elle est la mise en application, au niveau du groupe, de la reformulation-élucidation à laquelle est consacrée la plus grande partie du séminaire : *L'entretien de face à face dans la relation d'aide.*

Par la reformulation-élucidation de chaque opinion émise, l'animateur obtient un triple résultat :

— Il manifeste l'accueillance, comme nous l'avons recommandé ci-dessus ;

— Il favorise la participation ;

— Il favorise la progression vers la clarification et la réflexion.

2° *La mise en jeu des interactions. L'analyse* (cf. ci-dessus page 18) des processus de l'interaction, permet de comprendre leur influence et leur opération dans l'interview du groupe.

Par les interactions, des aspects complémentaires apparaissent et le groupe progresse vers la conscience claire de ce qui était d'abord éprouvé individuellement. Le signe unique de cette clarté est *l'accord de tout le groupe.*

Techniques :

— Ne jamais considérer une opinion comme définitive si elle ne rencontre pas *l'accord du groupe.* La considérer comme un aspect du problème, et le dire.

— Provoquer les « compléments » par les « appels à complément ».

Exemple : « *Nous avons déjà recueilli les opinions sur tel ou tel aspect du problème, il y a peut-être d'autres aspects que certains d'entre vous aimeraient souligner ?* »

— Favoriser les interactions en faisant rechercher les synthèses entre des opinions apparemment contradictoires.

N.B. — *Il est inefficace et faux de rechercher l'accord du groupe par jeu de concessions au niveau des opinions immédiates. C'est l'élaboration en commun qui représente un progrès du groupe vers la formulation claire de son vécu collectif.*

Au cas où, après de multiples interactions, il apparaîtrait que deux sentiments contradictoires subsistent, il faudra formuler cette dualité *comme étant la vérité du groupe.* Une telle formulation doit alors recueillir l'adhésion de tous.

3° *La synthèse permanente.* Aider le groupe dans sa progression vers l'élucidation de ce qui est ou a été éprouvé ou de ses motivations,... c'est non seulement favoriser les interactions, mais donner l'exemple de la synthèse et de la clarification.

Techniques :

— Clarifier les mots ou concepts employés par les participants. Ne pas rater l'occasion de montrer que les opinions divergent parce que les participants mettent des sens différents sous les mêmes mots. Demander expressément de définir les mots-clés dès qu'ils apparaissent après avoir souligné que « *visiblement M. X... et M. Y... ne parlent pas de la même chose en employant le même mot* ».

— Opérer les synthèses partielles, c'est-à-dire *faire le point* à chaque acquis, à chaque étape de l'interview. Ne pas hésiter à arrêter l'interview pour faire le bilan du chemin parcouru, et, si possible, l'écrire au tableau ou le prendre en note.

— Opérer la synthèse totale qui, répétons-le, n'a de valeur que si elle recueille *l'adhésion unanime du groupe.* Il faut ouvrir la discussion sur le projet de synthèse, et chercher un ajustement des mots si certaines formules sont contestées.

3 *L'évaluation des réunions*

■ L'EVALUATION DES REUNIONS-DISCUSSIONS.

Evaluer la réunion, c'est se poser 3 questions :

— que s'est-il passé ?

— dans quelle mesure les objectifs ont-ils été atteints ?

— quel est le degré de satisfaction ou d'insatisfaction des participants ?

Le lecteur trouvera en annexe des modèles de questionnaires d'évaluation.

Une évaluation est indispensable, non seulement pour ajuster les modalités des réunions ultérieures et pour tenir compte des imperfections signalées, mais aussi pour améliorer la participation future grâce à la prise de conscience des rôles joués, des attitudes, des causes de malaise ou de perte d'énergie.

- *L'évaluation sur-le-champ.*

L'animateur pourrait envisager de faire l'évaluation dans les 10 minutes qui *précèdent* sa synthèse finale de la réunion.

Pour cette forme d'évaluation, l'animateur devient interviewer du groupe car *c'est au groupe à répondre aux 3 questions.*

N.B. — *Cette méthode est peu souvent opportune (sauf cas particuliers) car en fait elle provoque une véritable réunion seconde qui exige ou risque d'exiger plus de temps que prévu.*

- *La réunion d'évaluation.* C'est une réunion spéciale, intervenant après une réunion, ou à une certaine distance de celle-ci (une semaine après par exemple). Lorsqu'il y a une succession de réunions prévues, l'une d'entre elles peut (et doit) être consacrée à l'évaluation (après 3 ou 4 séances de travail, faire une 4e ou une 5e séance d'évaluation).

Là encore, comme dans la variété qui suit, il s'agit d'une interview de groupe.

- *L'évaluation préliminaire,* phase d'ouverture d'une séance lorsque celle-ci suit une séance longue ou une journée de session. Dans ce cas, l'évaluation de la séance antérieure débouche naturellement sur la formulation des attentes concernant la réunion qui va s'ouvrir.

- *Le questionnaire d'évaluation.* Il est distribué à la fin d'une séance et ramassé dix minutes après, ou remis avec recommandation de le renvoyer par la poste après réponses réfléchies, et dans les jours qui suivent.

N.B. — *Dans ce dernier cas, s'attendre à un minimum de 50 % de défection.*

L'évaluation, après recueil des impressions et des jugements, doit faire l'objet d'une synthèse ou d'un compte rendu (oral ou écrit).

- *La réunion d'évaluation du groupe en auto-organisation.*

Dans ce cas, l'animateur remet au groupe un « guide d'évaluation » (cf. modèle en annexe) ; il demande aux participants de se réunir sans lui pour discuter sur les points du guide et d'établir un rapport écrit représentant la réponse du groupe, rapport qui doit être attesté par l'accord unanime du groupe sur ses termes. Un tel rapport doit avoir des « suites », ne serait-ce qu'au niveau des réunions-discussions ultérieures du grand groupe, conduites par le même animateur.

■ LE CONTROLE DES « SUITES » ET FOLLOW-UP.

Il est important de pouvoir contrôler les « suites » d'une réunion et d'en donner l'information au groupe.

Le follow-up est une réunion de contrôle des suites, organisée à longue distance d'une réunion ou d'une série de réunions (1 mois ou 3 mois après).

Ce contrôle peut aussi être effectué de manière différente (lettres, échanges téléphoniques, entretiens personnels), toujours dans le but de déterminer l'influence de la réunion sur les attitudes des participants ou ce que sont devenues les résolutions adoptées par le groupe ou les intentions sur les réunions suivantes, prévues ou éventuelles.

Nous avons déjà vu à quel point l'absence de « suites » retentit défavorablement sur le moral des groupes.

■ L'ÉVALUATION DES RÉUNIONS D'INFORMATION ASCENDANTE.

Elle se fait sur le même modèle que dans les réunions-discussions mais se limite à un seul genre : *l'évaluation immédiate.* C'est seulement dans le cas d'une série d'interviews du même groupe sur des thèmes différents (qui tous font partie de l'existence du groupe comme tel, ou comme échantillon d'un groupe plus vaste) que l'on utilisera le procédé des séances d'évaluation intercalaires ou de l'évaluation préliminaire.

Contrairement aux réunions-discussions, il n'y a pas à prévoir le contrôle (phase seconde ou phase de questions, vue à propos des réunions d'information descendante) *dans les réunions d'information ascendante ou interviews de groupe. Par contre, les « suites » intéressent les participants et ils attendent toujours d'en être informés* *.

En conclusion, comme à la fin du chapitre précédent, soulignons *l'effet de formation* que déterminent ces réunions. Il est double :

— d'une part, elles accroissent la conscience des réalités vécues du groupe ;

— d'autre part, elles modifient les attitudes sociales dans le sens d'une augmentation de participation, d'une amélioration de la confiance et d'un accroissement des communications dans l'Organisme concerné.

---

* Rappelons que l'information en retour produit, sur le groupe, un certain effet, appelé « effet FLOYD MANN » (cf. *L'interview de groupe,* 4e édition, p. 58).

4 *La rédaction du compte rendu des réunions*

Nous avons vu ci-dessus l'importance des « suites » données aux réunions. *Le compte rendu est la suite la plus élémentaire* et la plus naturellement attendue. Ne pas rédiger de compte rendu, c'est faillir au rôle de responsable de la réunion et décevoir les membres du groupe.

■ LE CONTENU DU COMPTE RENDU.

Il y a 3 comptes rendus « possibles » de chaque réunion, selon le point de vue auquel on se place :

— le compte rendu sténographique des échanges (ou leur résumé) ;

— le compte rendu de la dynamique du groupe au cours de ses débats ;

— le compte rendu de synthèse sur lequel se fait l'accord du groupe en fin de séance.

Faute de conception claire, les rédacteurs de comptes rendus mêlent les trois genres, c'est-à-dire donnent les résumés des interventions de personnes, le texte des conclusions adoptées, et quelques notations sur les difficultés internes rencontrées par le groupe.

Il faut savoir ce que l'on fait et ce que l'on veut faire :

● *Le compte rendu sténographique des échanges* (ou « procès-verbal » de séance), permet d'évaluer les interventions des personnes, leur nombre, et leur contenu. Il rend hommage aux personnes et ne considère pas le groupe comme une réalité vivante. La méconnaissance et le mépris du groupe comme tel éclatent dans ce type de compte rendu, et signent l'ignorance de l'animateur sur son rôle et sur la valeur des interactions.

● *Le compte rendu de la dynamique de groupe* est un compte rendu *d'observation* ou *d'évaluation*. Il a un objectif différent qui est de traduire (ou d'attirer l'attention sur) les processus psychologiques du déroulement de la réunion. Lorsqu'il est utile, il doit être rédigé sans que le contenu apparaisse sinon uniquement en référence à la dynamique (cf. séminaire : *La Dynamique des groupes*).

● *Le compte rendu de synthèse* est le seul qu'il soit normal de faire. Il met par écrit le résultat du travail *du groupe* et le groupe doit s'y reconnaître comme dans un miroir.

Le compte rendu des réunions-discussions présente la synthèse par points de l'ordre du jour, et les résolutions finales du groupe. Il met au net la solution du problème débattu ou le texte qui est l'œuvre collective. Le compte rendu des réunions d'information ascendante et des interviews de groupe présente les formules finales sur lesquelles le groupe s'est mis d'accord.

Ni l'un ni l'autre de ces comptes rendus ne mentionne les personnes, sauf dans *la liste des présents* qui sera placée au début.

■ LE RÉDACTEUR DU COMPTE RENDU.

La question de savoir *qui* rédigera le compte rendu est résolue différemment selon les responsables de réunions.

Une habitude qui est fondée sur une tradition et qui passe pour évidence, consiste à créer, au cours de la réunion, le rôle de *secrétaire de séance.*

• *Le rôle de secrétaire de séance.* La plupart du temps la dénomination du rôle semble impliquer une fonction bien définie, mais personne n'ose s'aviser que ce n'est pas en nommant un rôle (et quelqu'un dans le rôle) qu'on a pour autant défini sa fonction.

Dans la pensée obscure des Présidents, le rôle de secrétaire semble être un rôle mineur et une corvée, et c'est en vertu de cette évaluation implicite qu'on l'octroie généreusement « au plus jeune » ou « au dernier venu » !

Si le désigné s'avise de demander en quoi consiste sa fonction, on lui répond (comme « allant de soi ») qu'il s'agit de prendre en note et en résumé les interventions.

Il n'y a, à vrai dire, de secrétaire de séance que dans l'hypothèse tacite d'un compte rendu sténographique des débats, et dans ce cas, il est toujours avantageusement remplacé par une sténotypiste.

• *Le secrétaire de séance, animateur non responsable.* Si le secrétaire de séance cherche tant soit peu à s'évader du rôle de mauvais sténotypiste, il devient *ipso facto* un personnage important qui, en essayant de résumer les conclusions du groupe, de faire les synthèses partielles, prend un rôle d'animateur sans en avoir la responsabilité officielle. De ce fait, il est aussitôt gêné dans son rôle de participant (car on ne peut pas faire bien les deux activités simultanément) et il se trouve enclin à faire passer ses opinions dans le compte rendu.

La seule conception logique du rôle consisterait à diviser son temps en 2 parts inégales, l'une (la plus longue) où il participe au débat sur le fond, l'autre où, le débat étant provisoirement interrompu pour tout le monde (le groupe étant attentif à la formulation de la pensée collective), il prend, *sous la dictée de l'animateur,* la synthèse d'un point du débat, et ainsi de suite.

• *L'animateur est rédacteur du compte rendu.* Dans ce cas, on en arrive à reconnaître que le responsable du contenu du compte rendu est et ne peut être que l'animateur lui-même. Il n'y a donc que deux solutions : ou bien il a un *scribe* qui prend les synthèses sous sa dictée, ou bien il rédige lui-même ce qu'il aurait dicté dans les phases de synthèses partielles et au cours de la synthèse finale.

Conclusion : une conception positive des réunions de petits groupes, dans des objectifs de travail, en discussion ou en information ascendante, oblige à repenser tous les rôles.

En particulier, le rôle archaïque de président de séance, avec le pouvoir d'intervenir sur le fond (et d'imposer ses conceptions), de « réguler » le débat (en agitant sa sonnette), et de l'animer (sans le passionner, par peur du groupe), a pour effet de diminuer la participation, de stériliser les interactions.

Sixième Exposé

LES REUNIONS DE CONCERTATION ET DE NEGOCIATION

« Concertation » et « négociation » sont devenus des mots d'usage quotidien intensif. Les rapports entre les genres de réunions évoqués par ces mots sont discutés et discutables : pour les uns, ces réunions se situent sur un *continuum*, la concertation étant une négociation permanente au sein des organisations ; pour les autres, les deux genres sont aux antipodes l'un de l'autre, la concertation étant vue comme un moyen d'éviter (en les prévenant) les situations de conflit auxquelles sont liées les négociations.

Du point de vue qui est ici le nôtre, à savoir celui des méthodes de conduite, elles offrent à notre analyse des rôles bien distincts qui nous serviront de repère.

1 *Les formes de la concertation*

« Concertation » semble avoir remplacé « participation » qui a eu son heure de gloire, et passe pour préciser certaines formes de participation, actuellement préconisées dans « la réforme des Entreprises » *.

Il n'empêche que, pour l'instant, tout un chacun y met ce qu'il veut ; tel chef d'Entreprise affirme « faire de la concertation » lorsqu'il informe ses collaborateurs immédiats de ses décisions, tel autre est persuadé qu'il « fait de la concertation » en recevant par priorité et sur simple demande les responsables syndicaux de son entreprise...

Sans vouloir en rien influencer la manière de comprendre cette notion, je distinguerai, pour y voir plus clair, la « concertation proprement dite » des autres formes de « participation ».

* Dans le séminaire de Pierre LEBEL *Pratique de la concertation et des réunions d'échanges* (paru dans cette collection), l'auteur rappelle, en ouverture, que la loi du 2 janvier 1978 fait obligation de la concertation **dans les Entreprises.**

■ EXCLUSION DE TOUT CE QUI N'EST PAS RÉUNION.

Nous considérons, au moins comme hypothèse de travail, que « concertation » implique « réunion » (« travail de groupe » et « groupe de travail ») *à buts d'échanges en vue d'un accord.*

Se trouvent de ce fait hors de notre propos, des formes de concertation telles que :

— information descendante, par les moyens de communication officiels : notes, journaux, affichages, moyens audio-visuels, livrets d'accueil, dépliants et autres...

— information descendante sous forme de réunions, assemblées, conventions, opérations « portes ouvertes » et autres...

— information ascendante soit par les voies officielles soit par enquêtes, questionnaires, boîtes à idées, cahiers de réclamations, réunions d'interviews de groupes et autres...

— information latérale, par échange de renseignements ou de mises au courant de bureau à bureau ou d'équipe à équipe, de niveaux hiérarchiques semblables ou assimilés...

— délégation d'autorité et de pouvoirs dans une perspective de décentralisation...

— procédés divers d'« intéressement » des coopérateurs en agissant sur les motivations individuelles...

Toutes ces opérations relèvent de la politique de communication et de participation. Je ne vois aucun inconvénient à ce qu'on les appelle « concertation » ; je remarque seulement qu'elles n'ont pas de rapport direct avec mon propos qui est « la conduite des réunions ».

DÉFINITION DE LA RÉUNION DE CONCERTATION OU « CONCERTATION PROPREMENT DITE ».

Si le mot « concertation » est un mot nouveau qui n'existe pas encore dans le dictionnaire, par contre « se concerter » a un sens précis qui est « se réunir et discuter pour se mettre d'accord ou pour agir de concert ». *L'accord* des partenaires est l'essentiel ; il est la finalité, la signification, de la concertation ; il implique la présence de plusieurs participants et, après débat, l'harmonisation des opinions et des conduites.

« Concertation » implique aussi trois éléments indispensables et fondamentaux que l'on a fâcheusement tendance à oublier :

1. Les personnes en présence sont *directement concernées* par la situation-problème traitée en concertation.

2. Les personnes présentes sont *compétentes sur la situation-problème* traitée en concertation.

3. Les personnes présentes sont *disposées à rechercher un accord* ensemble, et elles sont (ajouterai-je) capables de participer activement et positivement à un travail de groupe.

LES DEUX FORMES DE RÉUNIONS DE CONCERTATION A CHAQUE NIVEAU HIÉRARCHIQUE.

Les deux formes sont :

1) La réunion de concertation à but de *consultation* des personnes concernées-compétentes-disposées à participer...

2) La réunion de concertation à but de *décision collégiale* (décision de groupe) des personnes concernées-compétentes-disposées à aboutir à une décision commune (et à appliquer ensuite la décision prise).

Les réunions de ce genre sont susceptibles d'être organisées à tous les niveaux de la hiérarchie d'une Entreprise et dans n'importe lequel des groupes qui composent une Organisation.

Le Directeur Général peut réunir, pour consultation, ses chefs de Services et quelques « fonctionnels » concernés ; le chef d'équipe peut réunir, pour consultation, ses compagnons. Les personnes d'un service peuvent se concerter pour présenter au responsable un plan d'action ou une série de revendications. Les ouvriers d'un atelier peuvent se concerter pour organiser leur travail dans le cadre d'une équipe autonome, etc... etc...

Dans cette double perspective (*concertation-consultation* organisée par un responsable qui prendra seul, ultérieurement, une décision à la lumière des débats et des informations reçus,... et *concertation-décision de groupe* où le groupe décide en auto-organisation et en co-responsabilité), la concertation a pour effet et pour finalité affichée, de faire disparaître la décision de type autocratique (donc une certaine forme d'autorité *) et les tensions ou conflits que déclenchent des décisions de ce type : d'une part le risque de méconnaissance des situations réelles, d'autre part par la non-intégration des personnes concernées chargées de les exécuter (ceci dans le cadre de la vie quotidienne d'une Organisation, en dehors des situations d'urgence et de péril collectif)

La *concertation veut motiver par la participation aux décisions.*

2 *La conduite des réunions de concertation*

CONDITIONS GÉNÉRALES DE BON FONCTIONNEMENT.

Nous retrouvons ici des conditions déjà énoncées pour les groupes de discussion et de résolution de problème : condition de nombre optimum (de 5 à 10), de moment opportun, de temps de discussion (2 à 3 heures pour une séance), de lieu (tranquillité, confort), de dispositif spatial (table ronde, ovale ou « sociométrique »), liberté d'expression

* Cf. séminaire *Psychologie de la relation d'autorité,* exposé 1 Psychopathologie de l'autorité.

des opinions (levée des barrières et inhibitions), égalité de droit à donner son avis *(égalité garantie par l'autorité de l'animateur)*, à quoi il convient d'ajouter d'une part les 3 conditions qui caractérisent la concertation proprement dite, à savoir que les participants invités à la réunion doivent être *concernés, compétents, et disposés à participer en vue d'un accord,...* d'autre part la condition de base qu'est le « savoir travailler en groupe » (formation au travail en commission ou en groupe).

Ceci signifie que sont à *ne pas inviter* à la réunion les personnes non-directement concernées, non-compétentes, non-disposées à œuvrer ensemble et incapables de travailler en groupe.

Sans cette prophylaxie élémentaire, les réunions seront stériles. Elles peuvent l'être aussi, il est vrai si, ces conditions étant réunies, la réunion est mal préparée ou mal conduite.

CONDITIONS PARTICULIÈRES DE BON FONCTIONNEMENT.

Elles ne font que monnayer le principe-clé qui tient dans le mot PREPARATION.

1. Annonce à l'avance de la réunion aux participants appelés à siéger, annonce précisant (outre l'heure, la date et le lieu) l'objet de la réunion, ses objectifs et la marge de liberté dont dispose le groupe (par exemple « étant donné tel objectif en tel délai, déterminer le plan de l'exécution et les moyens » ou encore « étant données telles contraintes de budget et telle orientation générale de l'action, fixer l'action à court terme, moyen terme, long terme »...), ainsi que les travaux préparatoires (tenir compte des délais de ces travaux) attendus des participants *.

A la convocation, dans certains cas, doivent être joints des documents.

2. Préparation du « dossier » du problème et des informations utiles, par le conducteur de la réunion.

3. Préparation directe de la réunion par des entretiens informels individuellement avec les futurs participants.

Etant donné que le nombre optimum est fixé de 5 à 10, il est tout à fait possible que tous les sous-groupes concernés ne puissent pas être présents à la réunion et soient obligés de s'y faire *représenter.* Dans ce cas, des réunions de concertation sont à faire au niveau de ces sous-groupes, *antérieurement à la réunion terminale,* en vue de réunir l'information sur les besoins, les attentes, les positions et leur degré d'élasticité, et pour désigner le représentant.

Dans un tel cas, le représentant, devenu tout naturellement « personne de liaison » entre les deux groupes aura à retransmettre à son groupe de référence les conclusions de la réunion de concertation.

* Une réunion préliminaire peut être nécessaire pour fixer ces points. Si ces travaux préliminaires exigent que les participants fassent préalablement des réunions d'information ascendante à leur niveau, il faut aussi leur en laisser le temps.

■ LA CONDUITE DES RÉUNIONS DE CONCERTATION-CONSULTATION.

Dans ce premier cas typique, le responsable d'une décision-à-prendre * réunit pour consultation, des personnes concernées (par la future décision), compétentes (sur les problèmes à traiter par la future décision) et disposées à participer positivement.

● *La réunion de consultation.*

Le rôle du responsable-conducteur de la réunion est un peu plus complexe que dans *l'interview de groupe* à quoi on est naturellement tenté d'assimiler cette réunion. En effet après l'exposé du problème et *l'interview des participants* (interviews individuelles successives et interactions dans la discussion qui s'instaure), phases qui appellent de toute évidence les rôles déjà analysés au cours de l'exposé 5 (ch. 1 et 2), le conducteur de la réunion doit aménager trois étapes supplémentaires successives où son rôle est nouveau :

A - *Intervenir sur le fond, après l'interview et le débat,* par...

— des questions (il doit en effet chercher à s'éclairer en vue de sa décision future),

— des discussions et argumentations pour mettre à l'épreuve les suggestions qui lui sont faites.

B - *Enoncer les différentes solutions qui s'offrent à lui,* après avoir entendu les avis exprimés et les débats (il a la parole comme dans une information descendante).

C - *Faire méthodiquement travailler le groupe sur les diverses conséquences* (positives-négatives) *de chacune des décisions prise comme hypothèse.*

En résumé donc 5 étapes chacune comportant un rôle spécifique :

— Etape 1 : Exposé par le responsable du problème qu'il a à résoudre (*information descendante,* faite à partir du dossier préparé).

— Etape 2 : Recueil des opinions individuelles (*interviews non-directives individuelles*) et conduite de la discussion (*réunion-discussion non-directive*).

— Etape 3 : Participation à la discussion par interrogations et argumentation pour aller plus loin dans les avis (*conduite-participation*).

— Etape 4 : Enoncé des différentes décisions possibles (*synthèse et information descendante*) telles qu'elles se dessinent à ce moment des débats.

— Etape 5 : Exploration de chaque voie de décision (*réunion-discussion non-directive à thèmes successifs,* avec synthèse après chaque thème).

N.B. — *Le rapport final ne doit retenir que les phases 1 et 5.*

---

* Il s'agit par hypothèse d'une décision non-routinière ayant des conséquences et des retombées sur le groupe, son existence professionnelle, son travail, ses perspectives, etc.

● *La réunion de communication et d'explication de la décision.*

Par hypothèse, dans ce premier cas analysé, le responsable « consulte » et prendra sa décision tout seul. *Une deuxième réunion* est donc nécessaire *avec le même groupe,* pour l'exposé de la décision, de ses motifs, de ses conséquences, de l'organisation des contrôles d'exécution, etc...

Il s'agit alors d'une *information descendante banale* ou d'un *briefing,* type de réunions déjà vu, avec leur phase terminale de questions-réponses ou d'objections-réponses.

■ LA RÉUNION DE CONCERTATION-DÉCISION COLLÉGIALE.

Le but est ici différent puisqu'il s'agit, pour le groupe réuni, d'aboutir (en une ou plusieurs séances de 2 à 3 heures chacune) à une *décision commune prise en co-responsabilité,* dans une marge de liberté connue d'avance et fixée.

● *La conduite de cette forme de réunion se ramènerait à celle du groupe de résolution de problèmes* * s'il n'y avait deux exigences supplémentaires pour le conducteur du groupe :

1 - Veiller à la marge de liberté ou plus exactement à ce que le groupe n'outrepasse pas ses droits et ses pouvoirs.

2 - Participer lui-même à l'élaboration de la décision. Il serait paradoxal en effet que cette décision — qui le concerne aussi — naisse sans son apport personnel.

S'il en est qui peuvent jouer les deux rôles à la fois, tant mieux et bravo. Cet exercice périlleux est théoriquement possible si le groupe a une longue habitude de ces réunions, s'il est très cohésif et soudé par des liens forts d'interconnaissance et de confiance mutuelle,... et si l'animateur-conducteur-responsable a fait admettre ce double rôle **.

Je crois pratiquement plus normal, plus clair et plus productif, de confier le rôle d'animateur à une personnalité acceptée et compétente en conduite de groupe de décision. C'est ce rôle d'animateur non-participant que j'analyserai.

● *Toute décision de groupe en concertation pour résolution collégiale doit faire l'unanimité authentique ; c'est là le cas normal.*

Les avantages de cette unanimité (sur une décision issue des interactions et de la créativité du groupe, ce qui exclut la prépondérance d'une influence individuelle) sont importants :

— sentiment de co-responsabilité et d'implication,

— motivation forte pour assurer l'exécution,

— accroissement du moral et du dynamisme du groupe.

---

* Rappelons que la réunion d'un tel groupe comporte une phase d'*analyse de situation* et une phase de créativité selon les méthodes dites à cette occasion (cf. page 59).

** Il peut d'ailleurs le décomposer dans le temps : phase d'interview puis phase de participation complète lorsque le groupe est « sur les rails ».

● *Toute décision groupale finale doit faire l'objet d'un protocole signé de tous les membres ;* la décision est écrite, avec ses attendus et ses conditions d'application. La responsabilité ne doit pas se diluer en effet dans l'anonymat du groupe mais être assumée par chacun comme étant *sa* décision personnelle et sans échappatoire.

■ SITUATIONS DIFFICILES ET CONDUITES A TENIR.

Les « situations difficiles » ont pour caractère commun l'impossibilité d'aboutir à une décision unanime.

1. *Antipathies interpersonnelles nourrissant un désaccord chronique entre certains membres.*

— *Conduite à tenir.* Dans des entretiens *préliminaires* avec chacun des membres en antipathie, provoquer la prise de conscience du problème *affectif* interpersonnel pour le dissocier du problème de la décision d'intérêt collectif. Si échec, demander à chacune des personnes impliquées de désigner un substitut ou représentant, dont la signature l'engagera ès-qualité au cours de la réunion.

2. *Rigidité d'un participant.* Imperméabilité de son système d'opinions provoquant une participation « conditionnelle » de sa part et pouvant bloquer le groupe par centration de tous sur son attitude.

— *Conduite à tenir.* Entretiens préalables nombreux, du type de l'entretien de face à face * en vue de provoquer l'expression de la signification de ces attitudes et de « mobiliser » le système des opinions par mise à jour de leurs principes irrationnels. En cas d'échec, faire donner *pouvoir écrit* par cette personne à une autre dont les décisions l'engageront ès-qualité.

3. *Présence de deux ou plusieurs sous-groupes d'opinion divergente et rigides à l'intérieur du groupe en réunion.* Cette situation est un handicap sérieux au bon fonctionnement du groupe, non seulement parce que les interactions deviennent négatives mais surtout parce que le sous-groupe en tant que tel (et il peut s'être concerté avant la réunion) produit un effet particulier connu sous le nom de « maximisation du risque », c'est-à-dire qu'il incite, *par sa seule existence en face des « autres »*, ses membres à prendre des positions extrêmes et « dures » (non évolutives et non-flexibles) **.

— *Conduite à tenir.*

A - Multiplication des réunions-discussions à thème comme méthode de *formation au travail en groupe,* avec les mêmes personnes.

B - Organisation de réunions de concertation-décisicn groupale sur des points faciles et des situations claires, ceci également à titre d'entraînement.

---

* Cf. les méthodes in séminaire *L'entretien de face à face dans la relation d'aide*
** Cf. ci-dessous page 86, note.

C - Multiplication des réunions *informelles* (déjeuners en commun, apéritifs, célébrations diverses) avec tous les membres de la commission.

D - Diagnostic, en séance de travail, de ce phénomène et analyse en commun (par *interview de groupe*) de ses conséquences sur la marche de l'organisme concerné.

E - En désespoir de cause, transformation de la réunion de concertation en *réunion de confrontation* (cf. ci-dessous).

4. *Même situation* (sous-groupes d'opinions antagonistes) *avec, en outre, présence de groupes de pression externes dont les sous-groupes intérieurs sont les porte-parole.*

Nous voici devant la situation de discorde la plus grave car les groupes extérieurs de pression qui sont les groupes de référence des participants non seulement intensifient dans leurs sous-groupes de « représentants » ou de « délégués » l'effet de « maximisation du risque », mais encore transforment ces délégués en « hérauts » multipliant les défis et les contre-défis, et « cassent » toute participation authentique au groupe de concertation *.

— *Conduite à tenir :*

A - Interdiction de la présence d' « observateurs » en provenance de groupes de pression externes, quels que soient les motifs de couverture qu'ils inventent pour opérer leur sabotage.

B - Non-tolérance du remplacement des membres de la réunion par d'autres, à des réunions successives.

C - Information claire faite aux sous-groupes membres de la réunion de leur responsabilité non pas vis-à-vis des groupes de pression externes mais vis-à-vis des décisions communes et de l'organisme collectif concerné par ces décisions.

D - Si ces mesures suffisent à libérer les participants de la contrainte et de l'oppression exercées par les groupes de référence, on est ramené à la situation 3 décrite ci-dessus. Sinon, et en désespoir de cause, transformation de la réunion de concertation en *réunion de négociation* (cf. ci-dessous).

---

* La meilleure preuve est que cette situation est volontairement créée dans le but de sabotage des réunions de concertation par des groupes de pression politiques ou idéologiques. Les « porte-parole » refusent de prendre la responsabilité de participer pleinement, et demandent sans cesse à « rendre compte » à leurs groupes de référence. La présence dans la salle, d'« observateurs » appartenant aux groupes de pression externes aggrave la situation. Les membres de la réunion sont prisonniers de « mandants » irresponsables.

3 *La conduite des réunions de confrontation*

Que ce soit par clivage du groupe de concertation en deux ou plusieurs sous-groupes opposés ou divergents, que la confrontation soit une première phase dans une perspective de négociation future, ou que la réunion soit décidée sous la pression de situations urgentes dans une atmosphère de conflit mettant aux prises les tenants de décisions antagonistes, la réunion de *confrontation*, par définition, est une réunion où l'on met en présence des sous-groupes d'opinions divergentes pour faire s'exprimer ces opinions et les comparer.

Disons tout de suite que les opinions en question sont des *interprétations de la situation-problème,* interprétations sous-tendues par des idéologies antagonistes ou des systèmes de valeurs de référence également divergents. Cette remarque prendra toute son importance par la suite.

■ LES SOUS-GROUPES EN PRÉSENCE ET LEURS COMPORTEMENTS.

Chaque sous-groupe d'opinion est caractérisé par une interprétation de la situation (nous trouvons là « l'art de faire parler les faits »),... mais aussi : 1) par un « effet de maximisation » des positions*, qui sont plus risquées, plus extrémistes et plus intransigeantes par la seule existence du sous-groupe devenu « public » pour ses porte-parole, obligés de ce fait à hausser le ton pour ne pas « perdre la face » aux yeux de leurs supporters-juges ; 2) par une image positive de lui-même (auto-justification survoltée par le consensus des « amis ») ; 3) par une image négative des sous-groupes adverses (considérés comme « des salauds » capables de toutes les manœuvres et de toutes les traîtrises, bourrés d'arrière-pensées et d'intentions secrètes), image pouvant aller jusqu'à de véritables fantasmes de groupe.

Les réunions de concertation par sous-groupes homogènes (réunions menées antérieurement à la confrontation), du fait du renforcement de ces images par le consensus, et de la surenchère de chacun sur chacun pour maintenir son statut ou en conquérir un meilleur, aggravent ces trois phénomènes.

Dans la réunion de confrontation comme dans la réunion de négociation, il y aura des phases entières (et des séances entières parfois) consacrées aux procès d'intention réciproques, aux grandes déclarations théâtrales, aux inter-accusations,... à l'occasion de la situation à traiter.

---

* Cet « effet de maximisation » a été l'objet de nombreuses recherches de psychologie sociale (CAMPBELL 1960, BROWN 1965, BASS 1965, DOISE 1969, VIDMAR et Mc GRATH 1970, LAMM et KOGAN 1970, GUERIN 1972, Cl. LOUCHE 1974, etc.). Il est contraire à l'effet « ordinaire » de convergence de l'opinion groupale vers la moyenne des opinions individuelles. On a évoqué pour l'expliquer : la valorisation du risque dans notre culture, la surenchère interne pour maintenir ou améliorer le statut, la volonté d'engagement polarisant les attitudes indépendamment du contenu, le noircissement de l'image de l'opposant, etc.

■ ROLE DE L'ANIMATEUR ET CONDUITE DE CES REUNIONS.

L'animateur ne peut et ne doit jouer qu'un seul rôle : celui de *médiateur.*

La réunion ne peut avoir lieu, d'autre part, que si le médiateur est accepté par les parties en présence. De là d'ailleurs son choix, issu de *consultations* préalables des sous-groupes engagés dans la future confrontation, de ses qualités personnelles reconnues par tous, ou de sa désignation par une autorité supérieure également reconnue.

L'animateur-médiateur ne peut espérer mener à bien sa mission s'il n'a pas fait une *préparation minutieuse* de la réunion pour son compte personnel, avec 1) dossier sur les personnes présentes, 2) dossier sur la situation-problème, 3) dossier de tout ce que les sous-groupes ont pu publier ou dire à propos de la situation ou des situations analogues antérieures, 4) informations générales annexes nécessaires à la compréhension de la situation présente.

La conduite de la réunion de confrontation se développe en deux ou quatre phases selon ses objectifs :

1 - *Phase d'ouverture.* Après l'installation des sous-groupes autour de la table (une réunion de confrontation peut comporter jusqu'à 30 personnes car dans ce cas le nombre optimum de 5 à 10 est à considérer comme nombre *des sous-groupes* et non plus des participants individuels), installation qui matérialise les positions idéologiques car les sous-groupes restent ensemble, l'animateur ouvre la séance en faisant lui-même la présentation des sous-groupes et des personnes qui les composent (prévoir les cartons d'identification à distribuer à l'entrée et non pas à poser sur des emplacements *a priori*), puis en précisant le but de la réunion (confrontation des opinions et des façons de juger), enfin en définissant son objet : la situation ou le problème ou le point en discussion, ceci en des termes descriptifs acceptables par tous, donc en se gardant de toute interprétation pouvant être immédiatement contestée. Il faut qu'il cite les faits, tous les faits, mais rien que des faits non-contestables, sans mentionner ni explication, ni relation entre les faits ni signification de ces faits. Descriptive et historique, sa présentation de la situation aura intérêt à être brève.

Après cela, il ouvre la phase des déclarations d'opinions ou de positions.

2 - *Phase de l'expression des sous-groupes et des isolés éventuels.*

Dans cette phase, l'animateur-médiateur doit être *gardien de l'égalité du droit à s'exprimer,* gardien de l'ordre des débats (distribue la parole, impose silence à un interrupteur) et de la tenue de la confrontation.

— reformuler les déclarations de chacun des participants (des leaders de sous-groupes et des isolés) de façon à les faire écouter par tous les autres, et à faciliter l'expression,

— élucider les allusions, les sous-entendus, les accusations larvées... sans avoir peur de les mettre sur le tapis,

— synthétiser clairement les positions exprimées.

Sa neutralité sur le contenu n'aura d'égale que son autorité sur la clarté et le bon ordre des temps et des tours de parole.

La réunion de confrontation peut en rester là. Elle se termine alors par un compte rendu (verbal sur place puis écrit et distribué par la suite) juxtaposant les synthèses partielles. Le premier but est en effet atteint : chaque membre est maintenant *au courant des positions des autres,* et a pu librement exprimer la sienne ; les « images » de chacun pour chacun ont été clarifiées ; les accusations ont été dites, les craintes ont été formulées, les interprétations de la situation ont été clairement exposées,... et l'animateur-médiateur en a été l'accoucheur adroit et efficace.

Si la réunion (ou une réunion ultérieure) doit se poursuivre par une concertation en vue d'une décision commune, deux autres phases (qui prendront peut-être plus d'une réunion) sont nécessaires:

3 - *Phase d'analyse commune de la situation.* Revenant à la situation problématique ou conflictuelle qui a été à l'origine de la confrontation, l'animateur-médiateur ouvre une *phase d'analyse* qui se déroule nécessairement comme un débat pour mettre à jour les significations réelles de la situation.

Cette phase est très « active » pour l'animateur car il doit réussir à faire tomber les significations supposées ou fantasmiques pour laisser paraître les significations réelles,... à dissocier les systèmes de croyances ou les idéologies pour laisser parler l'intellection directe des relations entre les faits,... à annuler les effets de maximisation en redonnant importance aux apports personnels,... à progresser vers un accord sur la compréhension de la situation.

L'animateur-médiateur doit être, à cette phase, aussi combatif que les sous-groupes confrontés, mais il met sa combativité au service de *l'analyse objective de la situation,* contre les suppositions, croyances, déclarations de principes, professions de foi, injures et autres rôles de théâtre bons pour la galerie, qui parasitent et inhibent le retour aux faits.

Obstiné dans le retour aux faits, remarquant et soulignant ce qui est supposition gratuite, demandant les informations qui permettent de dire ce qu'on dit, laissant démolir chaque interprétation gratuite par l'autre interprétation gratuite possible, il provoque méthodiquement la reconstruction de la logique interne de la situation par les apports de tous les cerveaux présents.

Au terme de cette phase, l'accord n'est pas la règle, mais d'une part les sous-groupes sont généralement dissociés (chacun s'est remis à penser personnellement) et une certaine « surface » de la situation est perçue de la même façon par tous. Des informations, dissonantes jusque-là, ont été intégrées ; les systèmes d'opinions ont été mobilisés (dégelés). Un accord, au moins partiel, est donc possible.

4 - *Phase de conclusion et rédaction du résultat de la confrontation.*

Après la synthèse des positions finales, l'animateur-médiateur mesure officiellement le travail accompli, félicite et remercie les participants, et rédige la conclusion de la réunion (et uniquement cette conclusion). Cette rédaction met en clair la position finale commune (redéfinition de la situation et des significations reconnues en commun) et les divergences résiduelles éventuelles en mentionnant sur quels points elles persistent, et sur quelles « preuves » elles se fondent.

En conclusion de ce paragraphe, disons que la réunion de confrontation bien menée, celle qui aboutit à la dissolution des croyances ou des positions de principe (souvent fort éloignées du problème) pour laisser paraître une compréhension complète de la situation, prépare les voies à une concertation authentique.

4 *La conduite des réunions de négociation*

Du fait que deux séminaires touchant à ce problème vous sont proposés par ailleurs*, je serai plus bref sur ce type de réunion.

J'exclus d'abord délibérément les problèmes de la conduite des *réunions de délégation.* Dans une négociation, il y a des délégations avec chacune un leader. Normalement, chaque délégation tient des réunions à part, avant la négociation et dans l'intervalle des séances communes, dans le but : 1) de « souder » psychologiquement ses membres, 2) de déterminer sa stratégie et ses tactiques, 3) de prendre entre les séances les informations utiles à son dossier, 4) de répartir les rôles éventuels en vue de la séance commune.

Le conducteur de ces séries de réunions mène en fait des réunions-discussions, des réunions de concertation, et des briefings. Je renvoie donc à ces genres déjà vus.

J'exclus aussi les « fausses négociations » qui sont pratiquement de 3 types :

— les négociations publiquement et intensément sollicitées par tous les moyens (au premier rang desquels les *mass media*) avec l'accent du désespoir, et qui en fait *ne sont pas voulues.* Les proclamations de ce genre dissimulent l'intention de commencer ou de continuer la guerre sociale ou la guerre tout court, en se mettant à l'abri d'une opinion publique habilement trompée par la demande**.

---

* *Le conflit dans l'Entreprise,* par Michel FUSTIER, et *Pratique de la concertation et des réunions d'échanges,* par Pierre LEBEL, séminaires publiés dans cette même collection.

** Pour que ce système réussisse (c'est-à-dire rende sympathique à l'opinion publique — nationale ou internationale, selon les cas — les demandeurs), il faut que les demandeurs jouent la comédie de la bonne volonté, de la disponibilité en renvoyant l'impossibilité pratique de négocier sur le dos de « l'autre partie » dont on souligne adroitement le refus obstiné et l'immoralité (insensibilité aux valeurs humaines).

— les négociations sollicitées et entamées pour gagner du temps, sans aucune intention réelle d'aboutir (avec au contraire l'intention de les faire traîner en longueur par tous les moyens psychologiquement insoupçonnables, avec toutes les apparences de la bonne foi surprise et en rejetant bien fort l'accusation sur « l'autre partie ») dans le but soit d'améliorer le potentiel de guerre, soit de réparer les dégâts. La négociation remplace alors ce qui était autrefois « la trêve » entre deux périodes de combat. Quand la fonction de trêve est remplie, il ne reste plus qu'à clamer très fort que « l'autre partie » est de mauvaise foi ou de prétentions rigides, et à rompre en accusant les autres d'avoir rompu.

— les négociations utilisées comme tribune pour s'adresser à l'opinion publique par le truchement des *mass-media*. Devenant un instrument de *public relations* (on interviewe les négociateurs, ils font une conférence de presse, leurs déclarations sont pieusement recueillies et ils y disent tout ce qui sert à la propagande du parti), la négociation a perdu là encore sa signification traditionnelle.

Dans ces trois cas-types, la négociation est une arme de combat (ce que les millions d'auditeurs, de téléspectateurs, de lecteurs de journaux... ignorent) et un instrument de manipulation de l'opinion publique.

Je me placerai, au contraire dans le cas sérieux et utile du *conducteur d'une délégation en séance de négociation,* conducteur que je supposerai « habité » par le souci d'aboutir à un accord ou à un compromis acceptable pour résoudre une situation qui ne peut pas se prolonger sans dommages graves (conflit social, guerre). Comme le dit SCHELLING (dans *The strategy of conflict,* Harvard University Press, Cambridge 1960), la négociation véritable est « un jeu à sommation non-nulle », c'est-à-dire où les gains des uns ne sont pas des pertes pour les autres, mais où les uns et les autres gagnent ensemble quelque chose.

■ CARACTÉRISTIQUES DE LA SÉANCE DE NÉGOCIATION.

La « séance » elle-même n'est qu'un moment (le plus public, le plus spectaculaire et le plus décisif) d'un ensemble ponctué de réunions.

Selon Jean SOUCHON, la séance plénière n'est qu'*une* des sept phases de la situation globale de négociation :

PHASE 1 : *La demande ou l'offre de négociation.* L'état de conflit entre deux ou plusieurs partenaires comporte des menaces qui pèsent lourdement sur l'avenir des groupes antagonistes (par exemple extension du conflit, extermination de groupes humains, dépenses insupportables, dégâts irréparables dans le pays, etc., etc.). Pour éviter ces conséquences, pour limiter les dommages, pour sauver ce qui peut être sauvé,.. on offre de négocier. Généralement des médiateurs (« bons offices ») s'activent dans ce but *.

PHASE 2 : *La préparation du dossier* (phase qui interfère avec la suivante). Cette phase comprend : a) la préparation du « dossier conjoncturel » ou recueil de tous les éléments d'analyse ultérieure de la situation. Leur classement permettra de les retrouver rapidement lors des séances ; b) la

* La négociation peut avorter dès ce stade si l'une des parties, se sentant ou se croyant proche de la victoire, exige la capitulation sans conditions ou cherche l'extermination de son adversaire. La « demande » *directe* est interprétée traditionnellement comme aveu de faiblesse, d'où l'utilité des médiateurs.

connaissance des moyens de pression dont on dispose, avec points forts, points faibles, marge de manœuvre ; c) la connaissance des positions adverses (analyse de contenu des publications et déclarations des adversaires, avec pièces à l'appui) ; d) la connaissance des négociateurs du parti adverse, prévus ou connus (avec dossier sur chacun).

PHASE 3 : *La préparation de la délégation.* Le chef de délégation doit choisir les personnes qui composeront son groupe. En particulier il doit avoir des spécialistes des grands domaines concernés par la négociation (et chacun aura son dossier, complétant le dossier du chef de délégation), et avoir un porte-parole inspirant confiance (photogénique, télégénique, habile à s'exprimer, etc., en vue de la conquête de l'opinion publique).

La délégation doit tenir de nombreuses réunions de concertation pour parfaire sa cohésion et définir sa stratégie. De telles réunions se tiendront systématiquement aussi dans l'intervalle des sessions plénières.

PHASE 4 : *Le sondage ou exploration des positions adverses.* Cette opération se fait en terrain neutre et par émissaires ou personnes de liaison. Elle se poursuit dans l'intervalle des séances. Dans la majeure partie des cas, elle constitue l'essentiel d'une première *séance de confrontation.*

PHASE 5 : *Le réajustement des objectifs et de la stratégie après la phase précédente* (réunions d'information, de discussion, de confrontation et de résolution de problème, *pour la délégation* sous la conduite de son leader).

PHASE 6 : *Séances de négociation proprement dite en réunions plénières.* C'est cette phase que je développerai ci-dessous.

PHASE 7 : *La rédaction et la proclamation de l'accord,* phase de conclusion de la négociation. Le protocole d'accord doit faire l'objet de soins particuliers : formulation de l'accord, des conséquences d'une non-application par l'une des parties signataires, des règles de révision, des situations d'annulation automatique.

Chaque délégation en aura un exemplairre paraphé par tous les chefs de délégation ou par l'autorité supérieure délégatrice.

C'est donc dans cet ensemble largement dominé par l'impératif de *préparation,* que se situe la phase de négociation au sens strict, dont nous allons voir les modalités de conduite en prenant pour centre de l'étude le comportement du chef de délégation.

Nous savons par ailleurs que la conscience des conséquences de l'échec est la motivation principale, que le « climat » reste celui d'une bataille (avec ses moyens, son terrain, sa stratégie, ses responsables, ses acteurs) et que des phénomènes psychosociaux spécifiques (cf. ci-dessus) se produisent, tels que « l'effet de maximisation », la valorisation de l'image de l'*in-group* (« nous »), la dévalorisation fantasmatique de l'image des *out-group* (« les autres »), l'influence des groupes de pression externes et celle de l'opinion publique.

■ LA CONDUITE DE LA RÉUNION DE NÉGOCIATION.

Laissons de côté les séances de confrontation, les défis et les contre-défis, les parades, les attitudes d'intimidation qui rappellent si bien les simulacres et préliminaires de batailles entre animaux de même espèce en rivalité de copulation, de territoire ou de statut social, décrits par les éthologistes. Laissons de côté le souci des rôles et l'hypocrisie des positions de départ,... et analysons le processus positif dont le conducteur de délégation est responsable en séance. Dans l'ensemble, il s'agit d'un progrès : à partir de « positions » qui sont *à distance* l'une de l'autre, on doit arriver à une position commune, à un règlement du problème par un accord. Il faut donc de toute évidence *mobiliser* les opinions et positions, fléchir et infléchir les jugements a priori.

● *La recherche des éléments directs de l'accord ou du contrat futur.*

On compte 5 procédés positifs :

1. *La recherche des points d'accord :* Il y en a au moins deux, solidaires, qui servent de base de départ et de motivation permanente (à rappeler aussi souvent que possible) : nous voulons éviter la poursuite de la guerre (sociale ou armée) ou l'ouverture de la guerre,... et nous devons faire, dans ce but, des concessions mutuelles.

A partir de cette base, la recherche des points d'accord (sur la longue liste établie dans les phases préparatoires) est un premier procédé. Une variante consiste à rechercher les points sur lesquels l'accord sera le moins difficile. Les séances de confrontation ont permis de les localiser.

2. *L'offre.* Le procédé consiste à consentir un certain sacrifice en espérant par là donner une preuve de bonne volonté et recevoir quelque chose en réciprocité.

3. *L'échange d'« équivalents ».* La valeur de ce que l'on donne est subjective en ce sens qu'elle est reliée aux significations affectives des éléments de l'Univers vécu par le groupe offrant. Le groupe récipiendaire, de son côté peut « tenir » énormément à un élément qui n'a pas d'importance cruciale pour l'adversaire. L'affectif, le symbolique, le paradigmatique, n'ont pas toujours de substance objective, et de toutes façons sont différents pour chacun des groupes en présence. C'est ainsi que l'on peut échanger la libération d'un otage contre dix tonnes de riz. Des marchandages ont lieu à ces occasions, influencés par le temps qui passe et par l'amélioration des perceptions mutuelles. A ce sujet, disons que l'on peut trouver des équivalents aux équivalents, je veux dire que *l'élucidation du sens d'une demande* (pour quoi ? par crainte de quoi ? en espérant quoi ?, etc.) permet de substituer autre chose d'équivalent à la demande première.

4. *La recherche des zones d'incertitude de l'adversaire.* Recherche des zones de *crainte*, pour rassurer officiellement ou promettre ou garantir ;... recherche des zones d'*ignorance*, pour informer, apporter des faits, des preuves, des rectifications, des connaissances transformant le contexte général ;... recherche des zones d'*incompréhension*, pour expliquer, relier, donner les motifs, les mobiles, les raisons.

5. *Rectification des « images » réciproques.* Assurer la crédibilité, contrer et détruire mythes et fantasmes qui empoisonnent de leurs références sous-entendues les demandes et les menaces, élucider les croyances sous-jacentes, voilà qui débarrasse la table des négociations de ses plus dangereux obstacles. C'est pourquoi il ne faut pas laisser passer une accusation ou une allusion sans tirer à la lumière ses présupposés non-dits et les combattre par des faits, des preuves, des arguments.

● *L'argumentation.* Dans son volumineux traité sur la négociation (malheureusement consacré dans ses trois quarts à l'aspect juridique), L. Constantin * brosse une typologie des négociateurs et distingue :

* L. Constantin, *Psychologie de la négociation*, PUF, 1971.

— *les cartésiens* (pour qui la rationalité vaut plus que les faits), eux-mêmes subdivisés en « juristes » (primat de la règle générale, du principe ou de la loi) et en « mathématiciens » (primat de la méthode, de l'enchaînement logique et de la démonstration), tous d'accord pour minimiser la subjectivité, les sentiments, le vécu et le culturel.

— *les pragmatistes* (pour qui le concret et sa diversité sont la seule réalité, la raison étant le lieu des idées abstraites), qui se subdivisent en « historiens » (primat des faits et des témoignages) et en « expérimentalistes » (primat de ce qui est actuellement opportun et de ce dont on pourrait faire l'expérience, même tâtonnante).

En réalité, la « bonne argumentation » est adaptée à l'esprit de ceux *qu'elle veut convaincre.* L'observation et l'analyse des discours des partenaires est donc d'un appoint important *.

Ceci dit, l'argumentation utilise pratiquement les procédés suivants :

1. l'appel aux faits... ou la contradiction par les faits, dans leur sens immédiat,
2. la déduction à partir d'un principe admis par l'adversaire,
3. la démolition de l'argument de l'adversaire par la mise en lumière d'une contradiction interne dans son discours ou d'une conséquence incongrue,
4. le tri entre l'essentiel et l'accessoire,
5. la démonstration directe ou raisonnement, avec sa conclusion nécessaire, qui doit être simple et explicite,
6. la démonstration par l'absurdité du contraire,
7. l'appel à des éléments favorables reconnus par l'adversaire (déclarations antérieures, accords antérieurs, textes publiés par lui, etc.).

● *Les manœuvres positives,* parmi lesquelles : appel au sentiment, appel aux valeurs culturelles, citation de leaders d'opinion reconnus, valorisation de l'adversaire, formation de liens informels positifs, appréciation des gestes de bonne volonté, reconnaissance publique des offres faites, reconnaissance publique de la valeur des personnalités adverses, appel à la solidarité de fait (réussir ou couler ensemble), appel à des sous-groupes alliés, etc. **.

● *Les attitudes du conducteur de la délégation en séance.* Elles se résument en 7 impératifs : attention à la dynamique du groupe, attention portée aux personnes adverses et à leur style, reformulation avant discussion, appel à ceux de sa délégation qui peuvent répondre sur le fond (avec leur dossier), maîtrise de soi et de son expression verbale, improvisation tactique dans le cadre de la stratégie adoptée par la délégation et sens de l'opportunité, imagination et créativité pour sortir des impasses.

---

* C'est cette orientation générale qui est celle de Lionel Bellenger dans son séminaire *L'argumentation,* paru dans cette Collection.

** On pourrait évoquer ici toutes les manœuvres négatives utilisées pour saboter la négociation ou l'utiliser à son profit : susciter la méfiance interpersonnelle dans le groupe adverse, culpabiliser, insécuriser, démoraliser, désorienter, exaspérer, discréditer, choquer par des révélations-surprises ou des attaques *ad hominem,* épuiser par des séances-marathon, changer les membres de la délégation à chaque séance, introduire des groupes de pression, accuser publiquement, etc.

Les réunions de concertation que tient la délégation dans les intervalles des séances plénières doivent comporter (en plus de ses objectifs spécifiques vus ci-dessus page 91) une première phase d'*évaluation critique* (et auto-critique) de la séance, de la dynamique du groupe en particulier.

En conclusion, le conducteur d'une délégation en réunion de négociation a une très grosse responsabilité. En plus de sa formation à *toutes* les formes de réunions vues jusqu'ici, s'ajoute son entraînement à affronter des adversaires multiples souvent imprévisibles, avec les seules armes de la parole et de la cohésion manœuvrière d'un groupe (sa délégation) choisi et entraîné par lui.

Cependant, par dessus ces considérations techniques, il faut faire toute sa place à « l'esprit » d'une négociation véritable, qui est non pas la poursuite de la guerre sur un autre terrain, mais la volonté commune d'aboutir. Un « esprit de coopération » doit paradoxalement se développer au cours de la « rencontre », faisant de celle-ci une occasion de progrès et non pas un vain affrontement.

Conclusion Générale

Les réunions sont-elles indispensables ? C'est une question que l'on peut se poser. Il y a les détracteurs et les enthousiastes. Ce qui est certain, c'est que nous avons inévitablement à travailler avec des groupes ou en groupe, dans notre vie sociale et socio-professionnelle. Comme le dit Leavitt : « Le véritable problème n'est pas de savoir s'il faut qu'il y ait des groupes ou non, c'est celui-ci : comment pouvons-nous adapter et améliorer les groupes avec lesquels nous avons de plus en plus à faire ? ».

A cela une seule réponse en deux propositions : il faut se perfectionner dans *la conduite des réunions* dont nous sommes ou serons responsables,... il faut se perfectionner dans *la participation aux réunions* dont nous sommes ou serons membres.

L'institution régulière de réunions de travail dans une entreprise ou un service, lorsque sont atténuées ou dissipées les résistances naturelles des chefs autocratiques et leur mépris du travail de groupe, a des effets non négligeables sur la marche de l'organisme social concerné.

Des expériences faites en milieu industriel (Mintz, 1951 ; Fouriezos et Guetzkow, 1950 ; Haythorn, 1953 ; Bennet, Schachter et Hall, 1955, et en France : Montmollin, Palmade, Maisonneuve, Filloux) ont montre qu'il existe une relation fondamentale entre la procédure de participation et l'implication dans le travail quotidien.

Autrement dit, le fait pour un employé d'avoir participé à un groupe de travail où ont été élaborés les objectifs, les moyens ou la répartition des tâches, où ont été prises certaines décisions relatives à son domaine professionnel dans le cadre de dispositions plus larges dont il est informé... influence la façon de travailler, dans le sens :

— d'une plus grande motivation personnelle ;

— d'une valorisation des buts ;

— d'une augmentation de la coopération et de la coordination.

D'autre part, les décisions des responsables à tous les échelons rencontrent moins de difficultés d'application lorsqu'elles ont été précédées de séances de consultation, de concertation voire de confrontation, et plus généralement d'information ascendante et d'information descendante.

Ainsi ce que l'on pourrait croire « du temps perdu en vaines paroles » se solde par un gain de temps dans l'exécution et par une amélioration du moral. Il y a d'autres facteurs de l'efficacité et du bonheur professionnel, cela va sans dire. Nous avons voulu seulement souligner un facteur, et non des moindres, dans le vaste ensemble des problèmes humains.

ANNEXES

Exemples de Questionnaire d'évaluation de réunion

Les rubriques ci-dessous peuvent servir de « thèmes » successifs à une interview de groupe, dans le cas où l'évaluation est l'objet d'une séance entière de travail. S'il s'agit d'un questionnaire, il doit être anonyme *mais présenter nécessairement les garanties habituelles de forme* et d'introduction déjà étudiées ailleurs. (Cf. séminaire : *Le questionnaire dans l'enquête psycho-sociale.*)

EXEMPLE I

Type « Revue critique de notre activité »

A) *Observation rétrospective sur le travail effectué :*

1. Notre groupe avait-il, à votre avis, des objectifs précis ?
2. Notre travail de groupe avait-il, à votre avis, des objets précis (ordre du jour clair, tâches définies) ?
3. Dans quelle mesure avons-nous atteint les objectifs que vous pensiez être les nôtres ?
4. Dans quelle mesure avons-nous réalisé notre tâche de groupe ?
5. Pensez-vous que nous aurions pu faire mieux, ou aller plus loin ?
6. Comment, à votre avis ? En prenant quelles dispositions, ou à quelles conditions cela eût-il été possible ?

B) *Observation du groupe comme groupe de travail :*

1. Pensez-vous que tous vos collègues sont également intéressés par l'objet de la réunion ?
2. Peut-on dire que chacun prend une part égale à la discussion ?
3. Discutons-nous sur le sujet ou bien avons-nous tendance à divaguer ?
4. Avez-vous eu l'impression que chacun des participants, en prenant la parole, montrait qu'il tenait compte des idées émises avant lui ?
5. Y a-t-il une interconnaissance suffisante dans le groupe ?

6. Le climat du groupe, jusqu'ici, a-t-il permis l'installation complète de la confiance et de la coopération ?

C) *Fonctionnement et régulation du groupe :*

1. Le groupe avait-il une structure ou une organisation ?
2. Etait-elle favorisante à votre avis ?
3. Définissez ce qu'il faudrait faire dans ce domaine pour que cela marche mieux ?
4. Les rôles étaient-ils bien définis ?
5. Pensez-vous qu'il y ait des blocages ou des tensions dans le groupe ?
6. Que pensez-vous du rôle de l'animateur ?

EXEMPLE II

Type « Analyse de fonctionnement »

A) *Méthodes de travail :*

— La tendance dominante du groupe était-elle :

- d'examiner minutieusement les informations contenues dans l'énoncé du problème ou les informations concernant le problème, que possédaient par ailleurs les membres du groupe ?
- de se placer sur le terrain des idées et de la théorie ?
- de porter des jugements de valeur sur les personnes ?
- d'examiner les solutions pratiques ?

— Lesquelles de ces tendances ont dominé à certains moments de la discussion ?

Cela vous semble-t-il avoir plutôt gêné ou facilité *l'examen* de la situation (ou du problème) ?

— Une méthode de travail a-t-elle été à un moment implicitement dégagée par le groupe ? Quels sont les membres du groupe qui ont particulièrement contribué à la dégager ?

B) *Objectifs de la discussion :*

— Des objectifs ont-ils été dégagés pour la discussion ?

— Avez-vous l'impression qu'ils étaient acceptés par tous les participants ?

— Des objectifs différents ont-ils été proposés par plusieurs membres du groupe ?

— Avez-vous eu l'impression qu'il existait des malentendus sur le sens de certains d'entre eux ?

— Un accord s'est-il dégagé à un certain moment ?

— D'une manière générale, comment ont évolué en cours de discussion la clarté et l'acceptation des objectifs par le groupe ?

— Quel rôle le directeur de la discussion a-t-il joué en cette matière ? D'autres membres du groupe ?

C) *Comportement du conducteur de la discussion :*

— Quel a été essentiellement son rôle dans la discussion ?

— A-t-il contribué à clarifier les objectifs pour les membres du groupe, à les rendre plus acceptables ? Les objectifs étaient-ils fixés par lui ou par les autres membres du groupe ?

— A-t-il essayé de régler la participation des membres du groupe ? Comment s'y est-il pris pour cela ? Quelles sont les raisons possibles de ses échecs ou succès en la matière ?

— Donnait-il librement son opinion dans le débat ou, au contraire. semblait-il la réserver ? Quel effet cela semblait-il avoir dans l'un et l'autre cas ?

— Donnait-il l'impression de se dérober à des questions personnelles ?

— En cas de conflit dans le groupe, comment se comportait-il ? Donnait-il l'impression d'être mal à l'aise, recherchait-il la conciliation, cherchait-il à temporiser ou, au contraire, cherchait-il à ce que « l'abcès soit vidé » ?

— Donnait-il à certains moments l'impression de chercher à défendre son statut et son rôle de directeur de discussion ?

D) *Participation :*

— Tout le monde participait-il à la discussion ou seulement certains ? La participation était-elle inégale, certains parlaient-ils beaucoup et d'autres peu ?

— Cette situation a-t-elle varié sensiblement au cours de la discussion ? Sous quelle influence ?

— Certains membres du groupe ont-ils cherché à faire parler ceux qui parlaient peu ou à modérer ceux qui parlaient beaucoup ? Leurs efforts ont-ils été couronnés de succès ? Quel rôle a joué le conducteur de la discussion ?

— La discussion, même restreinte, était-elle animée et vivante, ou un peu dormante ? Quels facteurs semblent avoir joué dans l'un ou l'autre sens ?

N.B. — *Des modèles d'évaluation de sessions, par journée et globalement, sont présentés en annexe du séminaire de la Collection, intitulé :* L'entretien de face à face dans la relation d'aide.

EXEMPLE III

Guide de la réunion d'évaluation d'une journée de séminaire de formation

(réunion par petits groupes de 5 ou 6 en auto-organisation)

Journée n° .... - Membres du groupe : ....

I. — *Problème des contenus.*

1.1. Reconstitution aussi exacte que possible des contenus successifs de la journée.

1.2. Evaluation, après discussion libre du groupe, de chacun de ces contenus, ceci par rapport aux objectifs de la session et aux attentes.

1.3. Raisons des évaluations négatives s'il y en a.

1.4. Evaluation globale de la journée sur le plan des contenus (Moyenne du groupe).

☐ T.B. ☐ B. ☐ Passable. ☐ Médiocre. ☐ Faible.

1.5. Vœux concernant le contenu de la journée suivante.

II. — *Problème de la participation.*

2.1. Evaluation globale de la participation des personnes en session.

☐ T.B. ☐ B. ☐ Moyenne. ☐ Faible. ☐ Très faible.

2.2. Recherche en commun et énumération des obstacles à une meilleure participation du groupe. Formulation et liste des obstacles ou des raisons du fléchissement de la participation à certains moments.

2.3. Comment intensifier la participation à votre avis ?

III. — *Rôle de l'animateur.*

3.1. Appréciation des méthodes pédagogiques utilisées. Liste des critiques éventuelles et commentaire justificatif des critiques.

3.2. Quelles sont les attentes dans le groupe qui ont été déçues en ce qui concerne l'animation et l'animateur ?

3.3. Evaluation globale du rôle de l'animateur.

3.4. Recommandations du groupe à l'animateur pour la prochaine journée.

IV. — *Autres commentaires libres :* ....

BIBLIOGRAPHIE

Les ouvrages marqués d'un astérisque sont d'une lecture plus facile ou sont plus centrés sur le thème du séminaire.

Anzieu D. – *La dynamique des groupes restreints*, PUF, 5e éd., 1979.

* Argyris Ch. – *Participation et organisation*, tr. fr., Ed. Dunod, 1970.

Aubry J.-M., Saint-Arnaud Y. – *Dynamique des groupes*, Editions universitaires, 1965.

Bachy J.P., Dupuy F. et Martin D. – *Représentation et négociation dans l'entreprise*, Centre de Recherches sociales du travail, Université Paris-Sud, 1974.

Belanger J. – *Des réunions de travail plus efficaces*, Ed. d'Organisation, 1973.

Belanger J. – *Technique et pratique de la parole en public*, Ed. Dunod, 1969.

Belanger J. – *Technique et pratique de l'argumentation, comment discuter, convaincre, persuader*, Ed. Dunod, 1972, préface de Jean Fourastié.

Bellenger L. – *L'expression orale*, PUF, Que sais-je ?, 1979.

Bellenger L. – *L'argumentation*, ESF éditeur, 4e éd., 1992.

Besnard P. – *Animateur socioculturel, fonction, formation, profession*, Ed. ESF, 1986.

Chalvin D. et l'équipe CEGOS-IPPSO. – *Les réunions d'expression des salariés*, Ed. ESF - Entreprise Moderne d'Edition et Librairies Techniques, 1984.

* Coqueret A. – *Comment diriger une réunion*, Ed. du Centurion, 1963.

Delagarde J. – *Technique des conférences-discussions*, Ed. Hett 33.

Deval Ph. – *La gestion mentale des groupes de réunion*, A. Colin, 1991.

Doise W. et Moscovici S. – Les décisions collectives, in *Introduction à la psychologie sociale* de Moscovici, Ed. Larousse, 1973.

* Fustier M. – *Le conflit dans l'entreprise*, Ed. ESF - Entreprise Moderne d'Edition et Librairies Techniques, 1975 (épuisé).

Goguelin P. – *La formation-animation, une vocation*, Entreprise Moderne d'Edition, 1987.

Kelley H.H., Deutsch M., Lanzetta J.T., Nuttin Jr J.M., Shure G.H., Faucheux C., Moscovici S., Rabbie J.M. – *A comparative experimental study of negotiation behavior*, in *Journal of Personality and Social Psychology*, Vol. 16, n° 3, pp. 411-438, 1970.

Lambert R. – Extrémisation du risque en groupe, in *Journal de la Société statistique de Paris*, 89, rue du Faubourg-Saint-Honoré, Paris, 1971, n° 1-2-3, pp. 11-21.

Launay R. – *La négociation*, ESF éditeur - Entreprise Moderne d'Edition et Librairies Techniques, 3e éd., 1990.

Laurent L. – *Comment mener adroitement discussions et négociations*, Ed. Dunod, 1988.

Lebel P. – *Pratique de la concertation et des réunions d'échanges*, Ed. ESF - Entreprise Moderne d'Edition et Librairies Techniques, 1980.

Leveugle J. – *Devenir animateur et savoir animer*, Ed. Privat, 1977.

* Limbos E. – *L'animation des groupes de culture et de loisirs*, Ed. ESF - Entreprise Moderne d'Edition et Librairies Techniques, 4e éd., 1988.

Louche Cl. – La préparation d'une négociation en groupe et ses effets sur le comportement des négociateurs, in *Bull. de Psycho. de la Sorbonne*, 1974-1975, 28, n° 1-6, pp. 113-117.

Maccio C. – *Animation des groupes*, Ed. Chronique Sociale de France, 1972.

Mac Gregor D. – *La dimension humaine de l'entreprise*, Ed. Dunod, 1969.

Maier N. – *Principes des relations humaines*, Les Editions d'Organisation.

Maisonneuve J. – *Discussion de groupe et formation des cadres, in Sociologie du Travail*, janvier-mars 1960, Ed. du Seuil.

Maisonneuve J. – *La dynamique de groupe*, PUF, Que sais-je ?, 1978.

Mead M. – *L'un et l'autre sexe, le rôle de l'homme et de la femme dans la société*, 1948, tr. fr., Ed. Denoël, 1966.

Morley I.E., Stephenson G.M. – *Interpersonal and inter-party exchange. A laboratory simulation of an industrial negotiation at the plant level*, in *Brit. J. Psychol.*, Tome 60, n° 4, pp. 543-545, 1969.

* Mucchielli R. et Maistriaux R. – *La formation à la concertation*, Ed. ESF et Entreprise Moderne d'Edition, 1977 (épuisé).

Osborn. – *L'imagination créatrice*, Ed. Dunod, 1962.

Poujol G. – *Le métier d'animateur*, Ed. Privat, 1978.

Ravenne Ch. – *Rechercher et innover en groupe. Méthodes à l'usage des cercles de qualité et des groupes de progrès*, ESF éditeur, 2e éd., 1991.

Revue *L'information psychologique* (Ed. Privat, Toulouse), n° spécial sur *la non-directivité* (Décembre 1972, n° 48).

Schelling. – *The strategy of conflict, Haw.* Univ. Press, Cambridge, 1960.

Timbal-Duclaux L. – *Les réunions : avant, pendant, après*, Ed. Retz, 1989.

Tixier J. – *Le groupe de discussion, une méthode active pour la sélection des cadres*, Ed. Hommes et Techniques, Paris, 1974.

Touzard H. – *La médiation et la résolution des conflits*, PUF, 1977.

Trichaud L. – *L'animation et les hommes*, Ed. Synchro, 1976.

Vignaux G. – *L'argumentation, essai d'une logique discursive*, Ed. Droz, Genève, 1976.

Wilcox R.P. – *Techniques de l'exposé et des communications orales dans les entreprises*, tr. fr. de M. Clidière, Ed. Hommes et Techniques, 1968.

U.N.A.P.E.I. – *Petit Guide des Cercles*, 75009 Paris, U.N.A.P.E.I., 28, place Saint-Georges, 1964.

LEXIQUE

ABRÉACTION : Terme de psychanalyse signifiant la réminiscence d'un souvenir qui a été traumatisant ce qui, par la prise de conscience ainsi réalisée, libère le sujet du poids ou des conséquences que ce souvenir oublié avait sur son comportement quotidien. Dans un sens plus général, on appelle abréaction, la liquidation d'une tension grâce à la prise de conscience, cette tension pouvant être celle d'un groupe à un moment de son déroulement.

AFFECTIVITÉ : Niveau d'existence traduit par les sentiments, les croyances, les valeurs vécues, et tendant à déterminer des conduites.

ANALYSE DE CONTENU : Ensemble des procédés et des objectifs de l'inventaire des éléments significatifs d'une information. C'est à travers « l'analyse du contenu » de l'information ou de la communication que le technicien de ces méthodes recherche les éléments ayant un sens ou déterminant le sens dans toutes les directions possibles.

ANIMATEUR : Nom moderne donné au responsable conducteur de réunions ou de groupes qui emploie des méthodes actives dont l'essentiel consiste à remplacer l'information directe (du type présidentiel ou magistral) par l'éveil et l'utilisation de l'énergie même du groupe. Par là il est l'agent de l'autoformation du groupe. On dit aussi qu'il est catalyseur des énergies latentes et de la productivité du groupe (cf. Catalyseur).

APPARTENANCE (groupe d') : Groupe dont un sujet fait partie, non seulement par suite d'une adhésion volontaire, mais en se sentant impliqué et concerné par les émotions, les valeurs, la vie du groupe.

ATTITUDE : Manière d'être non réfléchie, spontanée, personnelle et vécue, prédisposant le sujet à réagir de façon relativement constante et stable à un certain genre de situations, orientant le comportement à l'insu de la conscience claire et s'exprimant par des opinions, des principes, des types de jugements, des sentiments, des types de réponses.

BOOMERANG (effet) : Contrecoup d'une manœuvre secrète dirigée contre des personnes ou contre leurs opinions, et provoquant, lorsqu'elle est découverte ou soupçonnée, un effet exactement opposé à celui que l'on voulait.

BRAINSTORMING, ou « assaut d'idées » ou « assaut de cerveaux ». Technique de réunion destinée à faire produire au groupe le maximum d'idées dans le minimum de temps. Il existe plusieurs techniques très codifiées. La plus connue est celle d'OSBORN.

BRIEFING : Mot anglais signifiant *exposé* et que l'on utilise plus étroitement pour désigner une réunion d'information du genre explication du travail d'ensemble ou de la mission globale projetée, afin que les participants — qui en seront, dans ce cas, les acteurs — sachent ce qu'ils auront à faire individuellement ou en groupe. La séance se complète par des réponses aux demandes d'éclaircissement.

CATALYSEUR : En chimie, un catalyseur est un corps qui, sans intervenir dans l'équation de la réaction chimique, est nécessaire à cette réaction. Il s'agit donc d'un agent de changement dont l'action est déterminante quoiqu'il soit absent de l'observation des faits et du contenu proprement dit. L'animateur conscient de son rôle a un effet de catalyseur sur l'évolution du groupe, dans la mesure où il favorise les interactions sans intervenir sur les contenus de ces échanges.

CATHARTIQUE : Qui a un effet libérateur. Déjà Aristote pensait que la tragédie avait pour ses spectateurs un effet « de purgation », disait-il, qui les libérait des passions ou des intentions refoulées, dont ils avaient vu la représentation sur scène. L'abréaction est une catharsis.

CONFORMISME : Attitude de dépendance d'un sujet à l'égard d'un groupe, déterminant sa soumission aux pressions exercées par le groupe sur ses membres. Le contraire, ou anti-conformisme, est une attitude systématique de révolte ou d'insoumission aux valeurs, croyances, comportements, modèles, représentatifs du groupe ou adoptés dans le groupe. Il est évident que si tout un groupe est anticonformiste par rapport à un groupe plus vaste, il y a conformisme dans l'anticonformisme pour les membres de ce groupe.

CONFORMITÉ : Adéquation objective et extérieure du comportement d'un sujet par rapport aux exigences ou aux modèles du groupe. La « pression de conformité » est une des manifestations de la vie d'un groupe, qui consiste à modeler les conduites individuelles dans le sens d'une unification. Les habitudes du groupe (exprimées en incitations ou en interdictions) s'imposent aux individus et ils alignent leurs conduites par le seul jeu de cette pression qui échappe le plus souvent à la conscience.

CONTAGION : Phénomène de psychologie des foules. Signifie la propagation des réactions émotionnelles, et des attitudes dans le groupe ou la foule, tendant à entraîner les comportements individuels.

CRÉATIVITÉ : Production en ce qui concerne les idées, l'invention ; fécondité intellectuelle et de l'imagination.

CRITÈRE : Catégorie de repérage ou de classement, correspondant à une caractéristique et permettant l'évolution, la mesure ou simplement la codification.

CROYANCE : Adhésion affective à une valeur, à une idée, à un principe ou un fantasme, s'exprimant par des opinions et des conduites.

DÉCHARGE (effet de) : Phénomène de psychologie des foules consistant en une égalisation des statuts, une neutralisation des différences hiérarchiques ou sociales. Ceci revient à oublier ou à rejeter les préoccupations personnelles et les comportements sociaux habituels liés au rôle social, d'où l'effet d'anonymat et d'effondrement des distances sociales qui livre le sujet aux émotions et aux mouvements de la foule.

DÉONTOLOGIE : Code de morale professionnelle, code de principes moraux d'exercice d'une profession,... élaboré par le groupe des professionnels.

DÉVIANT : Qui s'écarte de la « norme » admise ou suivie par le groupe.

DIAGNOSTIC (groupe de) : Cf. T-Group.

DISTANCE SOCIALE : Ecart entre les statuts sociaux des personnes, entre leur degré « d'importance sociale ». Il y a une grande distance sociale par exemple entre un planton et son Directeur. Cf. Statut.

DYNAMIQUE DE GROUPE : Nom donné à la psychologie des petits groupes dans la partie qui s'intéresse à « ce qui se passe dans un petit groupe », c'est-à-dire aux phénomènes psycho-sociaux caractéristiques du groupe comme tel.

On appelle aussi de ce nom l'ensemble des méthodes d'action sur les groupes ou par les groupes.

ÉGOCENTRIQUE : Centré sur soi-même, se considérant comme le nombril du monde ou du groupe, rapportant tout à soi.

ENDÉMIQUE : Existant de manière latente et persistante dans toute l'étendue d'un territoire, et susceptible de se localiser en crises ou de favoriser l'extension d'un état pathologique brutal.

EXPÉRIENTIEL : Qui fait partie de *l'expérience* au sens large et s'inscrit donc dans l'existence d'un sujet, au niveau de son vécu personnel, de ses attitudes profondes.

Ce sens s'oppose à « expérimental » qui qualifie une expérience *extérieure* au sujet, sans retentissement dans son existence.

FAÇADE (réponse de..., tendance de...) : On appelle ainsi une réaction *de prestige*, dont l'orientation inconsciente ou l'intention consciente consiste à se régler sur ce qu'attend l'interlocuteur ou sur ce que l'on souhaite qu'il pense de nous. Réaction de défense sociale ou de défense du personnage social.

FACILITATION : Phénomène de psychologie des groupes et des foules, consistant en une diminution du contrôle individuel des actes. La suggestibilité ainsi engendrée et le sentiment d'impunité favorisent le passage aux actes et la soumission aux entraînements émotionnels collectifs.

FANTASME : Croyance imaginaire, généralement traduite par une image ou un cliché, et toujours intensément chargée d'affectivité, déterminant des opinions irrationnelles et des conduites « absurdes ». Le fantasme, par définition, n'est pas réfléchi et échappe à la conscience critique.

FEED-BACK : Rétroaction ou information en retour permettant l'ajustement de l'émission d'une communication ou l'adaptation d'une opération en cours, grâce à l'information du groupe sur les résultats ou sur le déroulement.

FOLLOW-UP : « Suite donnée » à une session de formation, permettant de faire le point sur les acquisitions et sur les difficultés rencontrées entre temps. Le follow-up permet un « rappel » de la sensibilisation et une stabilisation de ce qui a été découvert (ou un approfondissement).

FORMALISER : Transformer ce qui était informel, en structure organique et officielle. Donner des rôles, des statuts, des fonctions, établir des règles, des procédures, etc...

FORMEL : Officiel, reconnu, organisé, ayant une « forme » (ou faisant partie d'une structure) institutionnelle ou analogue à une institution du groupe.

GROUPE : Un groupe n'est pas la juxtaposition ni le simple constat de l'être-ensemble. Pour qu'un groupe existe (vie de groupe) il faut qu'il y ait une relation d'interdépendance, des échanges et des interactions.

Le groupe, lorsqu'il vit vraiment, développe spontanément des normes, des valeurs, des croyances ou mythes, et exerce sur ses membres un certain nombre de pressions non conscientes pour ces membres. Par là un groupe se distingue d'un autre.

GROUPE PRIMAIRE : Groupe « de face à face » dans lequel les inter-relations sont d'ordre affectif et spontané, où tous les membres se connaissent et partagent l'existence commune. Exemple : Famille, groupe de travail, groupe religieux, groupe d'amis. « Primaire » signifie ici « d'appartenance immédiate actuelle ».

GROUPE SECONDAIRE : A la différence du précédent, le groupe secondaire est plus vaste et plus organisé, « second », objet d'une appartenance indirecte, tel le groupe professionnel, ou les groupes institutionnalisés (Ecole, Armée, etc...).

GROUPE (tension négative de) : Phénomène perturbateur des interactions positives (malaise, anxiété commune, conflit de sous-groupes, etc...) aboutissant à un blocage ou à une dissociation.

INFORMATION : Ensemble d'un support (ou véhicule) et d'une sémantique (ou sens), capable d'être reçue et comprise par un récepteur. Message apportant des renseignements susceptibles d'influencer les opinions ou les conduites.

INFORMATION ASCENDANTE : Renseignements cheminant d'en bas vers le haut, de la « base » vers les responsables.

INFORMATION DESCENDANTE : Renseignements cheminant du haut vers le bas, des responsables vers les personnes situées hiérarchiquement « en dessous d'eux ».

INFORMEL : Instructuré, anarchique, spontané et libre. Hors-règle, hors-règlement, hors-hiérarchie. C'est par rapport à la structure officielle que l'informel est instructuré. En soi, ce qui est informel ne se développe pas au hasard ; les relations interpersonnelles de sympathie remplacent par exemple les communications officielles.

INTERACTION : Phénomène essentiel de la psychologie des groupes. Au niveau des mouvements de foule, les interactions sont des stimulations interpersonnelles aboutissant dans certains cas à une sorte de surenchère dans le passage aux actes. Dans les groupes de réflexion, l'interaction, levier de productivité, est la positivité même des échanges comme manifestations de la vie du groupe, l'influence stimulante que l'idée de l'un a sur les autres et inversement. Une réunion sans interaction est une juxtaposition de monologues ou un affrontement de positions doctrinales individuelles, sans aucun progrès commun, et sans « échange » authentique.

INTERVIEW : Méthode de recherche d'information dans et par une relation entre des personnes. Il y a plusieurs types d'interviews et plusieurs types d'informations recherchées. Les techniques sont différentes et s'échelonnent depuis l'interview non directive centrée sur le sujet jusqu'à l'interview sur questionnaire dans l'enquête psycho-sociale.

LEADER : Membre du groupe exerçant en fait une influence acceptée sur l'ensemble du groupe, et prenant donc une *autorité* sur son groupe. Dans le système d'inter-relations qu'est le groupe, le leader reçoit à son tour des influences de la part du groupe (exigences du groupe vis-à-vis de son leader).

Le groupe a des besoins de satisfactions sociales (d'atteindre des objectifs, d'organisation interne, de régulation, etc...) et le leader a des fonctions correspondantes (dont la fonction de direction et d'incarnation des valeurs du groupe).

Un chef *officiel* du groupe n'en est pas forcément le leader s'il n'a pas une influence acceptée (ou une autorité reconnue) et s'il ne répond pas aux besoins du groupe. Le leader est « meneur » quand le groupe est grand.

LEADERSHIP : Ensemble du rôle et des fonctions du leader.

MÉTHODES ACTIVES : Ensemble de méthodes pédagogiques dont l'essentiel consiste à éviter une pédagogie où les « élèves » sont passifs (récepteurs d'information forcée ou imitateurs du modèle magistral), où le responsable a seul le rôle actif et où le groupe comme tel n'a aucun rôle. Dans les méthodes actives, les « élèves » sont actifs, le moniteur est catalyseur, le groupe est utilisé comme énergie (la participation devient moyen de formation).

MICRO-GROUPE : Petit groupe, groupe restreint (4 à 10 membres).

MODÈLE : Plusieurs sens :

1 - Prototype représentatif d'un ensemble homogène.

2 - Idéal proposé à une imitation ou faisant pression sur les conduites.

3 - Matérialisation ou représentation concrète d'un ensemble abstrait (modèle d'une théorie physique).

4 - Maquette ou dispositif concret analogique du point de vue structural (essentiel pour ce qui est des rapports fonctionnels) à des situations réelles à contenus variables.

Les « modèles de simulation » utilisés en pédagogie active sont de ce dernier genre.

MODÉRATEUR : Nom donné de nos jours au Président-animateur de certaines réunions-discussions à thèmes telles les tables-rondes ou carrefours-débats. Comme l'on suppose que les interventions spontanées et la participation seront intenses, le Président aurait à jouer un rôle régulateur, évitant les conflits d'opinions et les affrontements personnels.

MYTHE : Au sens psychosociologique signifie une croyance collective, une représentation des aspirations ou des attentes (expectations) d'un groupe.

NÉVROSE : Maladie mentale au cours de laquelle la conscience, son effort de critique réaliste, ou sa capacité de travail attentif, se trouvent impraticables par suite d'une angoisse, d'une obsession, d'une idée fixe ou d'un automatisme de conduite, qui perturbent gravement l'adaptation au réel, à l'action, ou à autrui. Le sujet éprouve la perte de la maîtrise de son comportement et de son attention, et il en souffre.

NON-DIRECTIF : Qui n'influence pas les idées, qui n'impose pas de solution, ni de conclusion.

NORME : Règle de comportement, principe de conduite, en relation avec des valeurs. Les *normes* d'un groupe sont les principes des comportements et des opinions acceptables et attendus dans ce groupe. C'est par rapport à ces normes que l'on peut parler de conformisme, d'anti-conformisme ou de pression de conformité s'exerçant sur les membres du groupe.

OBJECTIF (d'une réunion) : But général de la réunion par rapport aux membres et à la tâche. *L'objectif* peut être de formation, alors que *l'objet* est ce à quoi le groupe va concrètement travailler.

OBJET (d'une réunion) : Tâche prévue (dans un ordre du jour par exemple) que le groupe se propose de réaliser.

PANEL-DISCUSSION : Forme de réunion où un petit groupe occupe la tribune et engage à haute voix une discussion instructive, à partir de questions posées par les auditeurs-spectateurs. Un animateur-relais facilite le passage des questions.

PARTICIPATION : En dynamique de groupe, la participation est l'effet d'une attitude de la personne qui se trouve dans un groupe. Cette attitude est faite d'acceptation des autres, de volonté de coopération et de sensibilité aux interactions. Elle consiste à *prendre part* activement à ce qui se fait ou se décide dans le groupe. Elle suppose un sentiment de responsabilité personnelle à l'égard de ce qui se passe dans le groupe et donc une implication positive. La participation n'exige pas l'accord préalable obligatoire avec les idées ou opinions du groupe.

PATTERN : Mot américain signifiant modèle, structure, forme. Ce qui est l'essentiel du point de vue de la configuration générale des rapports, sans référence « au contenu ».

PHOBIE : Au sens psychiatrique, forme de névrose dans laquelle l'angoisse se concentre sur des objets, êtres ou thèmes (dont l'approche ou la rencontre sont insupportables), et se réduit à ces points malades. L'existence du malade s'organise généralement *pour* éviter ces zones sélectives.

Au sens large, signifie crainte systématique avec effort pour éviter ce que l'on craint. Les sociologues signalent que les individus « normaux » cherchent « à se mettre à distance les uns des autres » (ce qu'ils appellent une « phobie du contact »), réaction qui disparaît dans l'être en foule (où l'unité d'âme se traduit par l'agglutination compacte).

PRESSION (groupe de) : La pression peut être due à une menace effective (par exemple les députés délibérant sous la pression d'un investissement de l'Assemblée par un régiment, ou réunion patronale assiégée par les grévistes), ou à la présence virtuelle d'un groupe extérieur (exemple : les membres d'un groupe, se considérant comme porte-parole de leur syndicat ou de leur groupe de référence, sont alors prisonniers de cette référence au cours du débat avec les autres représentants).

PRESSION SOCIALE : Influence exercée par les normes ou les attentes du groupe sur les opinions et comportement d'un individu appartenant à ce groupe. Influence exercée sur un groupe par un groupe plus vaste avec lequel le petit groupe est en relation de dépendance.

PSYCHOSE : Maladie mentale au cours de laquelle le système entier des significations bascule dans le délire et s'organise en mettant à son service la totalité des fonctions psychiques. La communication se trouve coupée ou gravement compromise par manque de références à des significations communes. Le malade ne se rend pas compte (à la différence de la névrose) de son aliénation. Il vit « la vérité » de ses perceptions et de ses hallucinations.

REDONDANCE : Répétition d'une même idée en d'autres termes. Discours ou partie de discours n'apportant rien de nouveau (nul sur le plan informationnel) mais indispensable comme support et facilitation de la partie infomationnelle en vue de sa compréhension ou de son assimilation par les auditeurs ou lecteurs.

RÉFÉRENCE : A quoi on se réfère, implicitement ou explicitement. Acte de se référer, de se rapporter à une autorité ou à une garantie extérieure. Les *valeurs de référence* sont les principes moraux qui sont impliqués dans une opinion quelconque. Le *groupe de référence* est le groupe dont les croyances ou idées nous servent de principes dans nos opinions, nos jugements, nos actions.

ROLE : Mot-clé de la psychologie sociale, dans la mesure où notre personnalité sociale, notre activité sociale, nos relations interpersonnelles sont caractérisées par des suites de rôles, c'est-à-dire de fonctions, d'attitudes, de patterns de réaction à autrui.

Dans la dynamique des groupes, le rôle effectivement joué par un participant (différent du rôle voulu ou du rôle conscient) est en rapport immédiat avec ses attitudes au cours de la réunion et les fonctions qu'il a assumées dans le groupe

Dans le psychodrame, le rôle vise tantôt le personnage qu'on a voulu jouer, tantôt le type de comportement social qu'on a effectivement exprimé par son jeu personnel dans la situation créée. L'analyse psychodramatique chemine évidemment de la définition du rôle au premier sens, vers le dévoilement du rôle au second sens.

RUMEUR : Information non officielle, généralement significative d'un climat émotionnel du groupe et se propageant selon des « canaux » particuliers.

SENSIBILISATION (à...) : Abaissement du seuil de perception, d'émotion ou de réaction pour un donné du monde extérieur ou du monde interhumain. Un sujet « sensibilisé » à l'échec a tendance à tout analyser dans sa vie en termes d'échec personnel. Un sujet « sensibilisé » aux relations humaines par des sessions de pédagogie active sur ce thème percevra mieux et plus vite qu'un autre les problèmes de cette nature et comprendra mieux les phénomènes de ce « champ ».

SENSIBLE (période) : Phase du développement de l'être vivant au cours de laquelle le stade de maturation réalisée permet la fixation immédiate d'un modèle, ou l'apprentissage accéléré d'un type de réaction affective ou d'action.

SIMULATION : Au sens ordinaire, déguisement volontaire, conduite mensongère intentionnelle. Au sens psychopédagogique, signifie reconstitution concrète ou matérialisation réduite tendant à reproduire les conditions de fonctionnement réel d'un ensemble plus complexe ou plus vaste. Dans ce sens, une « maquette » est une simulation. Plus généralement, on emploie l'expression « modèle simulatoire » pour désigner un dispositif concret dont les caractéristiques de structure reproduisent l'essentiel de la situation réelle, plus vaste et plus complexe, que l'on veut étudier ou enseigner.

SOCIOMÉTRIQUE (perception) : Perception, par un sujet, du système de ses relations affectives avec tous les membres du groupe, idée de sa « situation » personnelle dans les lignes de force de l'affectivité du groupe. Cette perception, qui peut être illusion, doit être « éduquée » vers une reconnaissance objective du réseau des relations, si l'on veut que le comportement social se normalise et s'adapte.

SOCIOMÉTRIQUE (table) : Table autour de laquelle se réunissent des participants et qui a une forme spécialement étudiée pour faciliter les interactions et l'animation. Un peu semblable à une barque, c'est un ovale à pan coupé. Pour 10 places, sa largeur maxima est de 1,72 m et sa longueur maxima 2,60, de la pointe au pan coupé (qui a 80 cm de large).

SOMMATION NON-NULLE (jeu à) : On appelle « jeux à sommation nulle » les jeux où les gains d'un joueur correspondent aux pertes de l'autre. Le total est toujours nul puisque le positif et le négatif sont équivalents. Dans les jeux à sommation non-nulle (dont le modèle simulatoire est connu sous le nom *le dilemme du prisonnier*, cf. exercice pratique n° 10 du séminaire *Psychologie de la vie conjugale*), les partenaires gagnent ou perdent *ensemble* selon qu'ils se font ou non confiance.

STATUT (social) : Le statut social d'une personne (qui constitue un aspect essentiel de son « personnage ») est sa position sociale ou rang, dans ce que cela implique de prestige ou de pouvoir à l'intérieur du groupe pour qui ce statut existe et a un sens. Dans une réunion, les statuts sociaux des participants (statuts qui engendrent le système des « distances sociales » entre individus) sont vécus comme proportionnels au droit de parler et à la valeur des idées émises (ce qui est une illusion et qui ruine la véritable participation).

STÉRÉOTYPE : Cliché de jugement ou de réponse correspondant à une idée admise dans un groupe sur l'objet du jugement ; opinion générale toute faite, héritée de notre groupe d'appartenance et s'exprimant dans nos évaluations.

SUGGESTIBILITÉ : Influençabilité par ce que dit, fait ou suggère autrui, que cette pression soit ou non consciente de la part d'autrui. La suggestibilité se développe parallèlement à la « faiblesse du moi », à la diminution du contrôle du soi et du contrôle critique de la situation.

T.-GROUP : Training-group ou groupe de base ou groupe de diagnostic. Méthode active de formation dont l'objectif est un changement des attitudes sociales chez les participants. Ce résultat est recherché par une technique spéciale (Cf. séminaire *La Dynamique des groupes*, histoire et technique du groupe T).

TABULATION (de BALES) : Analyse méthodique des interventions des participants à une réunion, et cela selon des critères dont l'ensemble constitue une « table ». Tabuler, c'est donc, dans ce cas précis, analyser les éléments d'intervention selon une table de critères.

TENSION DE GROUPE : Etat de conflit latent ou ouvert au sein d'un groupe restreint, dont les causes peuvent être des divergences internes, un fractionnement, une réaction émotionnelle groupale à la situation vécue par le groupe. Une tension de groupe est soit négative (bloquant l'évolution et le travail, transformant les échanges en affrontements, créant un malaise paralysant, etc.), soit positive lorsque l'appartenance et les objectifs n'étant pas mis en question, les points de vue divergents stimulent la participation et la créativité.

INDEX

A

Accord (du groupe), 72, 73, 79.
Analyse de contenu, 37.
Animateur, 11, 15, 18, 40, 50, 77 *et passim.*
Animateur-relais, 38.
Animation, 40 *et passim.*
Antipathies interpersonnelles, 84.
Anti-rumeur, 12.
Appel direct à la participation, 65.
Argumentation, 82, 92, 93.
Attentes (du groupe), 28.
Audio-visuel, 43.
Auditoire, 11, 27-31, 35, 41.
Auto-régulation, 17.
Autorité, 7, 47.

B

BAZIN, 7n.
BELLENGER, 93n.
Brainstorming, 15, 49-60.
Briefing, 11, 31, 83.

C

Changement de rôle, 6, 21, 22, 35.
CHEVROLET, 39, 40n.
Classification (des réunions), 10-15.
Communication, 10.
Compte-rendu, 47, 76-77.
Concertation, 14, 78-85.
Conditions matérielles, 19, 62.
Conférences, 28, 38, 39, 46.
Confiance inter-personnelle, 17.
Conflit, 58, 90.
Conformisme, 9.
Confrontation, 14, 85, 86.
CONSTANTIN, 92n.
Consultation, 80, 82, 87.
Co-responsabilité, 83.
Créativité, 14, 48.

D

Décision collégiale, 80, 83.
Défenses sociales, 8, 70n.
Déviant, 67.
Disposition spatiale, 20.
Dynamique du groupe, 43, 61, 66, 67, 76.

E

Echanges, 14, 17, 40, 79.
Echauffement, 39.
Egalité de droit, 62, 87.
Enquête de motivation, 12.
Evaluation, 46, 75.
Evaluation (des réunions), 73-75.

F

Fausses négociations, 89.
Feed-back, 12, 31, 33, 35, 36, 46.
FLOYD MANN (effet), 33, 75n.
Follow-up, 46, 75.
Formelle (réunion), 27.
Foule, 23, 24.
Fuites du groupe, 67.
FUSTIER, 14n., 49n., 59, 89n.

G

Groupe, 7.
Groupe T,
Guide d'évaluation, 74.

I

Imagination, 53-54.
Information ascendante, 12, 68-73.
Information descendante, 11, 12, 27, 31-34
Informelle (réunion), 10.
In-group, 91.
Interaction, 18, 49, 72, 83, 84.
Interview de groupe, 12, 68-73.

J

Jury, 14.

L

Laisser-faire, 61.
Leader, 66.
LEBEL, 14, 78n.
LEWIN, 61n.

M

MAIER, 67.
Manœuvres, 93.
Maturité (du groupe), 16.
Maximisation (effet de), 84, 86, 86n., 91
Médiateur, 14, 87.
Meeting, 10, 23.
Méfiance (envers les groupes), 6.
Meneur, 11, 25, 26.
Méthode des cas, 42.
Modérateur, 13n., 62.
Moral (du groupe), 20, 83.
Mythes du groupe, 26.

N

Négociation, 14, 78, 85, 89-94.
Nombre, 15.
Non-directivité, 61, 72.

O

Objectif (d'une réunion), 63.
Objet (d'une réunion), 63.
Ordre du jour, 22.
Organisation matérielle, 45.
Organisation pédagogique, 45.
OSBORN, 49.
Out-group, 91.

P

Panel-discussion, 41-42.
Participation, 6, 8, 9, 14, 15-22, 80.
Peur (du groupe), 8, 29.
Phillips 6/6, 42.
Pression (groupes de), 20, 42, 85n.
Public, 32.

Q

Questions, 36, 38, 82.
Question-écho, 65.
Question-miroir, 65.
Question-relais, 65.
Question-test, 65.

R

Reformulation, 34, 37, 65, 72.
Régulateur, 62.
Régulation, 40.
Résolution de problèmes, 14, 58-60, 83.
Réunions-discussions, 13-14, 62.
Réunions de petits groupes, 61-75.
Rigidité (d'un participant), 84.
ROGERS, 61n.
Rôle, 6, 10.
Rôle de l'animateur, 65 *et passim.*

S

Saboteur, 67.
SCHELLING, 90.
Sécurité, 16.
Sessions de formation, 43-48.
Silence, 66, 67.
SOUCHON, 90.
Spontanéïté, 9.
Statut, 6.
Statut social, 9.
Suites, 75.
Synthèse, 40, 65, 73, 76.
Systèmes d'opinion, 68.

T

Table sociométrique, 20, 52, *108.*
Techniques de l'animateur, 65 *et passim.*
Tension, 6, 9, 19, 66.
Tensions (de groupe), 13.
T. group, 14.
TIXIER, 68n.
Tribun, 11, 25, 26.
T.W.I., 7.

20f

Roger Mucchielli

LA CONDUITE DES RÉUNIONS

Partie Applications pratiques

ESF éditeur
17, rue Viète 75017 Paris

COLLECTION
FORMATION PERMANENTE EN SCIENCES HUMAINES

Collection fondée par Roger Mucchielli
et dirigée par Lionel Bellenger

ISBN 2.7101.0656.6

TABLE DES EXERCICES PRATIQUES

Page 4 — **Exercice 1.** — Etre ou ne pas être... participant.

A) Les causes de la non-participation individuelle au cours d'une réunion.

B) Evaluation et description d'attitudes de non-participation.

C) Le diagnostic des genres de non-participation.

Page 11 — **Exercice 2.** — Recherche des erreurs de conduite de réunion.

Page 13 — **Exercice 3.** — Les conditions du dialogue créateur et de la productivité d'un groupe.

Page 16 — **Exercice 4.** — Repérage et classification des genres de réunion. — Conduites différentes selon les points de l'ordre du jour d'une réunion.

Page 19 — **Exercice 5.** — Stérilité et fécondité des groupes de travail.

A) Exploitation en groupe.

B) Exploitation individuelle.

Page 23 — **Exercice 6.** — L'imagination créatrice dans le groupe.

1re partie : Test d'imagination créatrice dans le groupe.

2e partie : Détermination d'un thème de brainstorming.

3e partie : Exercice de brainstorming.

Page 32 — **Exercice 7.** — La réunion d'information ascendante.

Analyse de la dynamique du groupe et des erreurs de méthode du responsable.

Page 35 — **Exercice 8.** — Un exercice de négociation.

N.B. Des exercices de réunions de confrontation et de négociation sont dans le fascicule *Le conflit dans l'entreprise* (séminaire de M. Fustier). Des exercices, réunions de concertation sont dans le fascicule *Pratique de la concertation et des réunions d'échanges* (Séminaire de Pierre Lebel).

Page 45 — **CORRIGÉS.**

EXERCICE 1

ETRE OU NE PAS ETRE... PARTICIPANT.

A) Les causes de la non-participation individuelle au cours d'une réunion.

Vous avez personnellement assisté à des réunions en petit comité dans lesquelles vous étiez, du moins en principe, « participant ». Les réunions que nous vous demandons de prendre en considération pour cet exercice seront celles où, à un moment donné et d'une manière ou d'une autre, les assistants pouvaient et devaient individuellement participer, c'est-à-dire d'abord intervenir dans le débat.

En faisant appel à votre expérience, à vos souvenirs et aux échanges que vous avez pu avoir *après la réunion* avec certains autres participants, pouvez-vous énumérer les causes majeures pour lesquelles certaines personnes, placées dans ces conditions de réunion, *n'interviennent pas.*

Pensez d'abord aux causes qui vous concernent, à celles qui vous ont déterminé au silence pendant telle ou telle réunion où vous étiez,... et continuez en collationnant toutes les causes possibles, toutes celles qui pourraient expliquer le silence d'autres personnes à ces mêmes réunions.

Votre réponse :

B) Evaluation et description d'attitudes de non-participation.

Parmi les 30 causes suivantes de non-participation (pas d'intervention personnelle au cours d'une réunion en petit comité où la participation était pourtant attendue et nécessaire à la réalisation des objectifs), quelles sont celles qui vous paraissent les plus fréquentes **selon votre expérience des réunions en général (et non pas spécialement** vraies pour vous) ?

Consignes. — Dans la colonne de gauche, marquez un chiffre d'évaluation de 1 à 5 selon l'échelle suivante :

1 très faible fréquence ;
2 faible fréquence ;
3 assez fréquemment remarquée ;
4 fréquemment remarquée ;
5 très fréquente.

— Dans la colonne de droite, décrivez brièvement *l'attitude* du « participant » dont la non-intervention proviendrait de cette cause, autrement dit *les signes observables de ses sentiments* (postures, mimiques, etc...).

N.B. — Les causes sont ici classées par ordre alphabétique.

	Evaluation	*Désignation des causes de non-participation à la discussion*	*Votre commentaire-diagnostic d'attitude*
1		— **Antipathie générale à l'égard des membres de ce groupe, ou de certaines personnes du groupe, ou du Président.**	
2		— **Anxiété ou crise d'angoisse, d'intensité variable mais suffisante pour bloquer la parole.**	
3		— **Attente vaine d'avoir la parole de la part du Président de la séance.**	
4		— **Attente du moment opportun ultérieur d'intervention.**	

	Evaluation	*Désignation des causes de non-participation à la discussion*	*Votre commentaire-diagnostic d'attitude*
5		— Crainte de faire se prolonger la discussion. Hâte d'en finir.	
6		— Conflit d'opinions entre 2 ou 3 personnes qui occupent tout le temps de la réunion ou la majeure partie du temps. On est obligé d'assister au duel, et rien d'autre.	
7		— Décision intérieure *a priori* de ne rien dire au cours de la réunion pour ne pas « se mouiller », ou pour « voir venir ».	
8		— Idée défavorable de l'opinion que les autres ont de moi, sentiment d'être peu considéré (e) par autrui.	
9		— Image de soi infériorisée, et supériorité accordée aux autres...	
10		— Impossibilité de se faire entendre dans le brouhaha ou de faire entendre sa voix dans la discussion générale.	
11		— Indifférence personnelle à l'égard de la réunion, du thème, des autres. Non-implication dans la réunion. Position personnelle *d'observation* plutôt que de participation.	
12		— Indisposition - maladie personnelle ou somnolence ou douleurs préoccupantes.	

	Evaluation	Désignation des causes de non-participation à la discussion	Votre commentaire-diagnostic d'attitude
13		— Mécontentement intérieur d'être là sans l'avoir expressément voulu, et à la — Mécontentement d'avoir eu suite d'une obligation inévitable.	
14		la parole « coupée » ıne ou plusieurs fois, et réaction de démission ou de fermeture.	
15		— Nouveauté absolue de la situation. On vient pour la première fois, les autres aussi, à cette réunion. Le groupe est composé d'inconnus.	
16		— Nouveauté de la situation pour moi. Les autres se connaissent et ont déjà eu des réunions, je suis « nouveau » (ou « nouvelle »).	
17		— Opposition latente intérieure à la réunion elle-même, c'est-à-dire au groupe ou au travail de groupe en général, jugé inefficace.	
18		— Opposition idéologique à un ou plusieurs membres présents, ou au Président de la séance.	
19		— Peur du jugement des autres, peur du ridicule ou de l'opposition si l'on disait quelque chose.	
20		— Présence d'un public ou d'observateurs autour du groupe en réunion.	
21		— Présence d'un parleur incoercible qui « tient le crachoir » tout le temps et qui ne laisse pas parler les autres (ce personnage peut aussi bien être le Président qu'un membre).	

	Evaluation	*Désignation des causes de non-participation à la discussion*	*Votre commentaire-diagnostic d'attitude*
22		— Présence, dans le groupe, d'un supérieur hiérarchique direct ou d'un personnage à fort statut social dont on craint le jugement.	
23		— Présence, dans le groupe, d'une autre personne qui dit très bien ce que l'on aurait soi-même à dire, et rend ainsi inutile notre propre intervention.	
24		— Problème délicat en cours de discussion, sur lequel on ne veut pas s'engager.	
25		— Silence dans l'ensemble du groupe ou tendance générale à ne pas participer.	
26		— Situation spatiale personnelle défavorable à la participation. On est mal placé, on ne voit pas ceux qui parlent, on est dans un coin, ou à un bout, etc...	
27		— Timidité personnelle naturelle inhibante. Difficultés habituelles ou chroniques à s'affirmer. Manque de confiance en soi.	
28		— Thème de la réunion inconnu ou sur lequel nous n'avons ni compétence ni informations. Difficultés à « suivre » le débat à cause du contenu.	
29		— Traumatisme antérieur subi au cours d'une réunion. Mauvais souvenir d'une intervention plus ou moins catastrophique qui nous a fait rentrer dans notre coquille.	
30		— Trop grand nombre de participants.	

C) Le diagnostic des genres de non-participation.

Ces 30 causes de non-participation peuvent se regrouper sous quelques grands chapitres ou grandes rubriques générales. Lesquelles ?

(Corrigé page 45).

EXERCICE 2

RECHERCHE DES ERREURS DE CONDUITE DE REUNION

A)

On peut dire qu'une réunion *échoue* lorsque l'une ou l'autre des conséquences suivantes se produit :

— La tâche du groupe n'est pas faite. Les objectifs n'ont pas été atteints. On n'a pas traité les points prévus...

— Les membres quittent la réunion avec une insatisfaction intérieure.

— L'ambiance a été pénible, les débats sont restés stériles.

— Le temps imparti a été mal utilisé.

— La réunion n'a pas été suivie (trop peu de monde ou pas assez de participation).

Dans la mesure où des échecs partiels ou totaux de ce genre peuvent être imputés au Président — conducteur ou animateur — de la réunion, cherchez les différentes fautes ou carences *de conduite de la réunion* qui peuvent aboutir à ce résultat.

(Corrigé page 46).

B)

Etablissez de même la liste des causes d'échec qui seraient « extérieures » ou étrangères à la conduite proprement dite de la réunion. Puis comparez les deux listes (la précédente et celle-ci), et faites des remarques sur *le degré de responsabilité du Président* à chacun des points de cette deuxième série de causes.

N.B. — *Nous convenons d'appeler ici Président celui qui dirige la réunion, soit comme animateur, soit comme leader effectif, en excluant le rôle de Président honorifique.*

(Corrigé pages 46 et 47).

EXERCICE 3

LES CONDITIONS DU DIALOGUE CREATEUR ET DE LA PRODUCTIVITE D'UN GROUPE

A)

Analysez les conditions d'un dialogue créateur.

Par « dialogue créateur » nous entendons un échange d'idées à deux (sur un « problème à résoudre » ou des « décisions à prendre »), au cours duquel « la lumière jaillit de la discussion », c'est-à-dire que des idées nouvelles sont élaborées en commun, auxquelles chacun des deux n'aurait pas pensé séparément et qui entraînent l'adhésion finale enthousiaste des partenaires.

N.B. — *Chacune des conditions retenues doit être nécessaire, c'est-à-dire que son absence — a fortiori son contraire — ruine la valeur de créativité du dialogue.*

(Corrigé page 47).

B)

Un *groupe* de personnes, débattant sur le même genre de tâche, doit-il, pour parvenir aux mêmes résultats, remplir d'autres conditions ?

(Corrigé page 47).

C)

Après lecture du corrigé des exercices 3 A et B, définissez quels doivent être les impératifs principaux du conducteur *d'une réunion-discussion* dont l'objet serait de discuter d'une question précise (et annoncée) afin de parvenir à des décisions (concernant, par exemple, la répartition d'un travail ultérieur à exécuter en coopération par les membres mêmes du groupe).

(Corrigé page 47).

EXERCICE 4

PREMIERE PARTIE

REPERAGE ET CLASSIFICATION DES GENRES DE REUNION

Les 18 réunions ci-dessous définies sont classables en six genres distincts.

En vous référant aux critères suivants :

— Objet de la réunion ;
— Nombre de personnes ;
— Composition de l'auditoire ou du groupe ;
— Type des « attentes » de la part des membres ;
— Type d'obligations pour le responsable conducteur de la réunion ;
— Type d'intentions de la part du promoteur de la réunion.

Classez-les par « genre » et définissez brièvement le genre ainsi délimité.

. . . .

1. Réunion électorale publique et contradictoire dans une vaste salle de cinéma en ville, en période électorale fiévreuse.
2. Réunion de travail de 10 spécialistes pour trouver des idées publicitaires nouvelles.
3. Briefing d'un contremaître à ses 8 ouvriers pour organiser et répartir un travail délicat.
4. Meeting intersyndical en période de grève.
5. Assemblée générale annuelle d'une Société de Mutualité, avec 500 présents, réunis dans une salle en ville.
6. Exposé d'un ingénieur, spécialiste de l'industrie d'extraction, aux élèves d'une grande école d'ingénieurs (amphithéâtre de 300 auditeurs).
7. Réunion régulière du Comité d'Entreprise par le Directeur pour présentation d'un bilan d'activité.
8. Interview d'un groupe de 10 ouvriers par un psychosociologue en vue d'une enquête psychosociale générale sur les salaires.
9. Réunion des 7 chefs de service d'une Entreprise, par le Directeur, en vue de l'organisation d'un programme d'action.
10. Communication d'un savant professeur devant un Congrès de spécialistes en séance plénière (600 congressistes).
11. Réunion d'une commission (qui se réunit tous les deux mois régulièrement) pour établir un projet de décret législatif (12 personnes).

12. Réunion des contremaîtres par le chef du Service pour tirer au clair les raisons d'un malaise moral qui a envahi depuis quelques temps plusieurs ateliers (12 personnes).
13. Conférence d'un homme de lettres sur sa philosophie de l'existence dans une grande salle en ville (400 auditeurs).
14. Dans le cadre d'une opération anti-rumeur, réunion des délégués ouvriers d'une Entreprise, par un délégué du Siège.
15. Réunion de 5 directeurs pour trouver un nom et un titre original pour un poste de travail qui vient d'être créé dans un nouvel organigramme.
16. Réunion de la Commission « Sécurité » (5 membres) d'une Entreprise d'Electricité pour étude d'incidents récents et décisions à prendre.
17. Réunion de 6 personnes responsables pour trouver une solution urgente à un problème embarrassant mais clairement défini.
18. Réunion de sondage d'opinions, sur un groupe de 15 cadres, par le Directeur, à propos d'un projet de transplantation de l'usine.

N.B. — *En session de groupe et T.P. de psychologie sociale, vous pouvez prolonger cet exercice par deux opérations :*

1) *A partir de chaque exemple défini, trouvez d'autres exemples du même genre de réunion.*

2) *Pour chacun des* 18 *exemples proposés, reprenez et précisez de façon approfondie les obligations du responsable-conducteur de cette réunion.*

(Corrigé page 49).

DEUXIEME PARTIE

CONDUITES DIFFERENTES SELON LES POINTS DE L'ORDRE DU JOUR D'UNE REUNION

Nous prendrons pour exemple la réunion mensuelle du Bureau directeur d'une Association civile, dont les buts sont une action sociale en faveur des personnes âgées.

La convocation reçue par les 10 membres du Bureau porte la liste des « points à l'ordre du jour », liste qui est donnée ci-dessous, pour la réunion mensuelle de fin janvier.

Votre travail consiste à mettre, en face de chaque point, le type de réunion adéquat c'est-à-dire en même temps le genre de débat exigé par ce point-là et la méthode spécifique de conduite du débat sur ce point.

N.B. *La liste des genres est à reprendre de l'exposé* 1 *chapitre* 3.

Le but de l'exercice est de montrer que, contrairement à ce qui se passe toujours et partout, chaque point d'un ordre du jour est à traiter selon une méthode spécifique de conduite du groupe.

ORDRE DU JOUR	***Type de réunion et de conduite du groupe***
1. Compte rendu par MM. X, Y et Z de l'audience accordée par le Maire le 12 janvier dernier.	
2. Problèmes soulevés par le fonctionnement de la permanence et mesures à prendre.	
3. Prospection en vue d'un terrain à acheter pour la construction d'un centre d'accueil.	
4. Echos de notre réunion publique d'information de décembre. Leçons à tirer pour des réunions publiques semblables futures.	
5. Publicité et propagande de l'Association. Comment faire connaître notre action ?	
6. Questions diverses	

(Corrigé page 49).

EXERCICE 5

STERILITE ET FECONDITE DES GROUPES DE TRAVAIL

A) Exploitation en groupe au cours d'une session.

L'objectif de l'exercice est de mettre en lumière les facteurs de stérilisation d'une discussion de groupe. Pour cela, il faut réaliser une discussion *qui soit un échec,* et ensuite faire réfléchir les participants sur les raisons de l'échec qu'ils ont pu observer.

L'exercice se déroulera en six temps :

1° Demandez 9 volontaires pour un exercice pratique sur « *le travail de synthèse dans un groupe réuni en commission* » (toute autre annonce d'objectif risque de perturber l'expérience).

Annoncez à ces personnes que l'opération va se diviser en 2 phases : une phase de réflexion individuelle de 20 minutes, et une synthèse en groupe, qui durera 45 minutes et qui devra aussi être rédigée, mais cette fois dans l'accord collectif.

2° Isolez ces 9 personnes (chacune dans un bureau séparé) en donnant à chacune le même travail. Ce travail consiste à rédiger par écrit un scénario aussi vivant et détaillé que possible à partir d'une seule image qui leur est fournie.

Naturellement, il vous faut 9 images identiques. Vous pouvez soit utiliser une des planches du TAT de Murray, soit une photographie complexe (représentant une scène un peu confuse) tirée d'un magazine datant d'un ou deux ans.

2 *bis.* Pendant que les 9 volontaires travaillent, vous exposez au reste du groupe le principe de l'exercice, qui est le suivant :

L'exercice reconstitue (modèle simulatoire, selon la terminologie des méthodes pédagogiques actives) les variables essentielles de tout travail de synthèse pour un groupe travaillant sans structure formelle.

En effet, les participants arriveront avec « une opinion personnelle » sur le sujet de la discussion (ils sont en ce moment en train de construire cette opinion), et le travail du groupe consistera à mettre sur pied une « motion de synthèse », susceptible de recueillir l'accord de tous.

Le but de l'observation à laquelle vont se livrer les autres participants de la session, sera de décrire et de formuler les phénomènes de groupe et les moyens utilisés par le groupe pour atteindre son objet (rédiger une « synthèse » qui emporte l'accord).

N.B. — Ce qu'on ne dira pas au groupe, c'est que cette situation reproduit le cas typique de l'échec car les « motions de synthèse » rédigées par des participants attachés à leurs opinions, ne peuvent être le fruit que de concessions ou d'influences personnelles, ce qui réduit à néant le processus d'interaction positive, seul levain du véritable travail productif en groupe.

3° Au retour des « volontaires » munis de leur rédaction respective, *ramassez les productions individuelles.* Il est indispensable de posséder ces neuf histoires rédigées, et cela servira beaucoup pour la suite de la démonstration.

Demandez au groupe des neuf de se réunir et de s'organiser (sans vous) à volonté autour d'une table ronde, et donnez-leur 45 minutes pour réaliser le travail prévu : *rédiger à partir de l'image commune* (deux de ces images resteront sur la table, le moniteur mettra de côté les sept autres). *une histoire ou un scénario qui soit l'œuvre du groupe, la synthèse des idées individuelles, et qui recueille l'accord unanime du groupe.*

Les autres participants sont en observation, avec leur travail déjà défini.

3 *bis.* Pendant que l'exercice se déroule, un ou deux des moniteurs (il faut cependant qu'il y en ait un en observation de la « commission de synthèse », pour pouvoir faire le rapport objectif sur le fonctionnement de cette commission) se mettent au travail en dehors de la salle de séance, et analysent chacune des 9 histoires individuelles selon le schéma suivant :

a) Caractéristiques formelles :

— genre d'histoire,

— nombre de mots,

— nombre d'idées et d'événements.

b) Analyse de contenu :

— lieu...,

— personnages (nombre, description, sentiments, rela tions entre eux),

— contexte de l'événement principal,

— causes directes,

— actes,

— déroulement dans le temps,

— valeurs de référence,

— issue.

4° Après la fin du travail de la commission, le moniteur recueillera l'histoire de synthèse et passera à un travail de réflexion en grand groupe. Au cours de ce travail, il établira d'abord au tableau la juxtaposition des caractéristiques des neuf histoires du début, puis analysera les caractéristiques de l'histoire unique finale.

Il fera définir par le grand groupe, au cours d'une interview de groupe (les membres de la « commission » restant en réserve), les processus qui ont abouti à ce résultat.

N.B. — *Les processus sont :*

— au niveau du fonctionnement : émission de chaque opinion en « tour de table » pour voir s'il y a quelque « élément » commun, constatation des divergences, efforts divers pour se rallier ou pour défendre sa position en influençant les autres, difficulté de l'accord, car chaque participant tend à défendre son idée et ne cède que pas à pas, influence du « secrétaire-rédacteur » étroitement surveillé par les autres dont certains essaient de « dicter »...

— au niveau de l'élaboration de la « motion de synthèse » : appauvrissement formel et banalisation du contenu.

5° L'exercice peut se poursuivre par l'interview de la « commission » pour tirer au clair ce qui s'est passé « intérieurement » chez chacun des membres,... et aussi par une observation globale au niveau de la dynamique du groupe.

N.B. — *Il faut avoir établi une bonne relation avec l'ensemble du groupe et rester neutre affectivement (et objectif) dans l'analyse et les interviews, si l'on veut mener à bien l'analyse de cet échec ; sinon, le moniteur risque de déclencher une agressivité réactionnelle, latente ou ouverte, contre lui.*

6° Définissez, avec le groupe, et *a contrario*, le travail « créateur » d'un groupe et ses conditions.

B) Exploitation individuelle.

Voici dix histoires écrites par 10 personnes différentes (rédigeant isolément) sur la même photographie parue dans un magazine. (Textes résumés à leur essentiel, faute de place ici.) Par ailleurs, vous lirez le *texte intégral* rédigé par ces même dix personnes réunies en « commission de synthèse » pour élaborer ensemble, sur la même image, une histoire qui puisse recueillir l'accord général.

N.B. — *Vous reconnaîtrez là le principe de la « motion de synthèse » ou du « communiqué final » d'une réunion où les opinions divergentes s'affrontent et où le travail du groupe se réduit à éviter l'affrontement.*

Notez que ces textes ont été effectivement produits au cours d'un séminaire où l'exercice avait été organisé selon les consignes données ci-dessus dans l'exploitation en session, de ce travail pratique.

Exercice personnel : Après avoir analysé ces histoires individuelles selon le schéma ci-dessus page 20, définissez les phénomènes qui expliquent le passage de la série des opinions personnelles au texte collectif final.

Histoire n° 1. — Cela se passe dans un quartier de gens évolués. Il y a des Noirs. Une femme est peut-être morte, les gens ont ôté leur chapeau. Il est probable que c'est une suite d'une scène de bagarre, dans un contexte de ségrégation. Un vieux Noir est pétrifié de stupeur. Les autres hésitent. On soulève la femme avec des gestes religieux. Les assistants sont calmes et recueillis. Tout le monde est très impressionné.

Histoire n° 2. — C'est une scène de ségrégation raciale aux U.S.A., dans le climat d'un soulèvement des Noirs à propos d'une école. On voit plusieurs enfants noirs et, dans la bagarre, autour de l'école, une enfant blanche a été tuée. Une sidération s'empare momentanément de la foule.

Histoire n° 3. — Nous sommes à l'entrée d'une église en Afrique. Une jeune fille s'est évanouie dans l'église, un autre assistant a pris la jeune fille dans ses bras. Les passants s'attroupent. Un mari soutient sa femme qui se sent mal elle aussi. L'émotion est générale.

Histoire n° 4. — C'est un jour férié. Les gens, en tenue élégante, sortent d'un cinéma ou d'une mairie. Une personne a été blessée et la réaction générale est une colère contenue. Il y a donc apparence de calme et d'immobilité. Les hommes sont à gauche, les femmes à droite. La fin est impossible à prévoir.

Histoire n° 5. — A la sortie d'un office religieux, un dimanche, des fidèles se pressent. Des hommes, des femmes, une adolescente, sa sœur aînée et un homme avec qui elle est fiancée. Tout le monde est endimanché. Les robes sont claires et légères.

Un automobiliste trop pressé a renversé l'adolescente. Chacun s'est précipité. Un homme la porte dans ses bras. La famille l'entoure. Un autre homme qui ne veut pas être en retard à la messe monte les marches du parvis. La sœur aînée sanglote, son fiancé la console, les passants sont pleins de sympathie.

Histoire n° 6. — Attentat devant un temple dans le quartier blanc d'un Etat du sud des U.S.A. Plusieurs enfants ont été tués. On évacue les blessés. Il y a de nombreuses personnes et un groupe compact d'enfants, une mère, un Noir. On voit des scènes de désespoir. La colère gronde parmi les Blancs.

Histoire n° 7. — On attendait quelque chose, sans doute la sortie des mariés de l'église. Les gens sont « habillés ». Il fait chaud. Il y a les invités, les fidèles et les spectateurs. Une personne se trouve mal. On l'emporte évanouie. Remous dans la foule ; une femme pleure. La sortie du mariage se produit enfin dans la dignité retrouvée.

Histoire n° 8. — Manifestation noire contre les Blancs, au seuil d'une Université. Il n'y a que des Noirs. Ils sont groupés près de l'escalier. Ils sont jeunes pour la plupart. Il y a eu une échauffourée et une jeune fille noire est tombée dans l'escalier. On l'emmène ; elle est sérieusement blessée. La population noire soutient les jeunes Noirs. Les commentaires sont effrayants. Cela va dégénérer en violences.

Histoire n° 9. — Sortie de théâtre à New York. Personnages : deux jeunes filles amies, plusieurs Noirs, un groupe de Blancs. Manifestation des Blancs contre les Noirs à la fin du spectacle, car ils veulent obtenir l'interdiction de l'accès du théâtre aux Noirs. Une jeune fille est prise de malaise et tombe en syncope.

Histoire n° 10. — **Au cours d'une cérémonie dans un temple où l'assistance était en plein recueillement, une fillette de 12 ans s'est raidie et est tombée à la renverse. Un voisin a sorti la fillette en la portant. Les parents la regardent avec inquiétude, la mère pleure, le père console la mère. Leur boy, un Noir, assiste indifférent à la scène. Un médecin a été mandé, il a l'air anxieux sur l'état de la fillette. Une ambulance arrive et on va l'emmener à l'hôpital car des soins lui sont nécessaires. Pendant ce temps, des gens sortent du temple, d'autres y entrent.**

Histoire collective (texte intégral).

Au cours d'une réunion dans un lieu public comportant une sortie de secours, une jeune fille s'évanouit. On emporte la fillette. Consternation générale des témoins.

(Corrigé page 50).

EXERCICE 6

L'IMAGINATION CREATRICE DANS LE GROUPE

PREMIERE PARTIE

Test d'imagination créatrice dans le groupe

Essayez de répondre aux problèmes suivants (tirés de l'ouvrage de Osborn donné en bibliographie), en vous réglant sur un chronomètre. Au **terme du temps accordé, passez à la question suivante.**

1. Trouvez en 2 minutes, 4 moyens pour activer votre imagination si vous aviez pour but d'écrire une chanson populaire.

....
....
....
....
....

2. **L'usage de la canne n'est plus à la mode parmi la bourgeoisie occidentale. Comment vous y prendriez-vous si vous aviez l'intention de l'y remettre ? Trouvez 5 méthodes en 5 minutes.**

....
....
....
....
....

3. **Enumérez, en 7 minutes, 7 utilisations possibles et toutes différentes entre elles, d'une brique normale à 9 trous.**

....
....
....
....
....

4. Décrivez l'habitude la plus désagréable de la personne qui est la plus chère à votre cœur.

....

....

....

....

....

5. Imaginez maintenant 6 moyens de lui faire perdre cette habitude en lui en faisant prendre une autre meilleure (temps : 10 minutes).

....

....

....

....

....

6. Voici une figure carrée composée de 9 points.

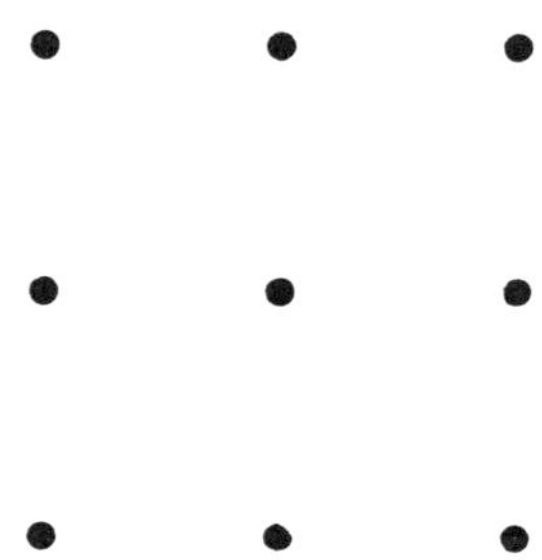

Joignez tous les points entre eux en n'utilisant que cinq lignes droites et sans lever le crayon (donc sans faire de lignes séparées) (temps des essais : 5 minutes).

Exercice en groupe. — Vous pourrez composer assez facilement un « test de créativité » avec 10 ou 20 questions de ce genre, et opérer un calcul simple du nombre de réponses ayant un sens, pour « classer » les participants.

L'exercice consiste ensuite à faire *en groupe* le travail ci-dessous proposé aux personnes en auto-formation.

Exercice individuel. — En analysant rétroactivement votre propre activité intellectuelle au cours de l'exercice de réponse aux problèmes ci-dessus, définissez l'effort d'imagination *et ses obstacles.*

(Corrigé pages 51 et 52).

DEUXIEME PARTIE

Détermination d'un thème à traiter en brainstorming

Information préalable.

On appelle brainstorming un genre de réunion de groupe au cours de laquelle il y a « assaut de cerveaux », c'est-à-dire « assaut d'idées » avec l'objectif de produire le plus possible sans se soucier de la qualité des idées et sans faire de critique ni d'autocritique.

Les problèmes qui relèvent de ce genre de réunion sont ceux pour la solution desquels il s'agit d'avoir des idées.

Afin de favoriser la concentration de l'imagination créatrice et les interactions par stimulation des cerveaux les uns par les autres, il est recommandé de ne proposer au groupe que des problèmes « simples ». Non pas simples à résoudre, mais capables de « tenir » en une formulation ou en une question précise qui ne puisse pas se décomposer en plusieurs problèmes. Dans le cas où le problème réel est un ensemble de différentes questions, il faudrait préalablement opérer une décomposition analytique, et éventuellement prévoir autant de brainstormings que d'éléments du problème.

Exercice.

Parmi les « problèmes » ci-dessous, cochez ceux qui, à première vue, pourraient directement être pris comme thèmes de brainstorming, et divisez les autres en sous-problèmes susceptibles d'être résolus au cours d'une séance.

1. En 1954, le Président du Conseil, M. Pierre Mendès-France, n'a rencontré qu'un succès limité dans ses efforts pour développer la consommation du lait en France. Comment eût-il fallu faire pour obtenir le maximum de résultat ?

2. Les agences de voyages américaines et anglaises invitent leurs correspondants touristes qui veulent se rendre en Italie et en Espagne, à éviter la France. Evidemment le tourisme en France est vivement déconseillé à ces mêmes correspondants car, disent-elles, « les hôtels français sont archaïques et inconfortables, on y est mal servi, pour très cher, par un personnel insolent ». Comment faire pour lutter contre cette tendance des agences de voyages américaines et anglaises ?

3. Comment introduire une nouvelle fibre synthétique dans l'industrie et le commerce des tissus ?

4. De quels genres d'objets ou de produits qu'on ne trouve pas encore dans le commerce, pourrait-on avoir besoin ou envie dans un intérieur ?

5. Trouver des noms originaux pour des postes nouvellement créés dans une entreprise, et qui sont décrits dans un dossier annexe.

(Corrigé page 52).

TROISIEME PARTIE

Exercice de brainstorming

N.B. — *Pour l'organisation pratique d'un brainstorming en session, cf. indications in corrigé de l'exercice 6 à la fin.*

A) Exploitation en groupe.

I. — Disposez le groupe et les observateurs-enregistreurs comme il est indiqué dans le texte d'information. (Chapitre 1 de l'exposé 4 : le brainstorming.) Le groupe de travail sera de 8 à 10 personnes.

Veillez à réaliser le climat de détente, de confort, de non-perturbation extérieure.

1° Vous pouvez prévoir un cercle d'observateurs muets, ayant pour consigne d'étudier *la technique de l'animateur*. Après l'exercice de brainstorming, ces observateurs seront réunis en petits groupes de 4 et devront mettre en commun leurs notes individuelles pour définir la technique d'animation.

2° Si le grand groupe est trop nombreux, vous avez intérêt à réaliser deux brainstormings simultanés, dans deux salles différentes, avec deux animateurs et avec le *même thème*.

Dans ce cas, les travaux pratiques pourront se dérouler de la manière suivante :

a) Petits groupes d'observateurs mêlés (appartenant aux deux séries) pour faire le rapport sur la technique (ceci suppose évidemment que les deux animateurs ont des techniques identiques). Rapports en grand groupe, puis synthèse de la part d'un moniteur ;

b) Travail en grand groupe pour comparer les résultats des deux dépouillements. Cette comparaison est fructueuse car on s'aperçoit que la liste des idées retenues contient une majorité d'idées communes aux deux groupes (ce qui confirme la valeur et l'objectivité du travail en groupe quand celui-ci est bien conduit).

II. — Veillez à faire une présentation correcte du problème soumis au groupe (cf. dans l'exposé les caractéristiques du « bon problème de brainstorming » et les conclusions de la deuxième partie de cet exercice).

B) Exploitation individuelle.

Ci-joint le compte rendu d'un brainstorming.

Voici les conditions dans lesquelles il a été réalisé :

Un groupe de géomètres-experts avait demandé un brainstorming, au cours d'une session, pour trouver les moyens de faire mieux connaître ***au public la profession de géomètre. Ce corps professionnel est en effet*** *mal connu et cela entraîne des conséquences fâcheuses tant au point de vue du recrutement qu'au niveau de l'image de la profession aux yeux des autres professionnels ou qu'au niveau de l'influence auprès des Pouvoirs Publics. Certes, il existe, au sein du Conseil National de l'Ordre*

des Géomètres, une Commission de l'Information, mais il convenait justement de lui donner des « idées ».

Le groupe s'est réuni sous la conduite d'un animateur. Il comprenait 8 participants. 170 idées ont été émises en 60 minutes. 18 (soit 10,5 %) ont été finalement sélectionnées par le jury de dépouillement.

Vous trouverez ci-dessous le texte intégral du brainstorming, c'est-à-dire la succession brute des 170 idées.

Votre exercice consiste en ceci :

1° Composez le texte de présentation de ce brainstorming (au besoin allez interviewer 2 ou 3 géomètres sur le problème en utilisant comme starters les questions suivantes : 1 Votre profession passe pour être méconnue du grand public, qu'en pensez-vous ? 2 D'où cela vient-il à votre avis ? 3 Quels effets et dommages cette méconnaissance entraîne-t-elle selon vous ?...). N'oubliez pas que votre texte (lecture de 5 à 10 minutes avec le ton *ad hoc*) doit avoir un effet motivant sur les participants (vous dramatiserez légèrement les conséquences fâcheuses et l'urgence).

2° Au cours de la production des idées, l'animateur est intervenu à certains moments opportuns pour « dégager les pistes », c'est-à-dire formuler les directions frayées par les idées jusque-là émises. Vous devez formuler ces pistes dans les blancs correspondant aux interventions de l'animateur.

(Corrigé page 52).

3° Après cet exercice, essayez de retrouver les 18 idées « les meilleures ». Quels sont vos critères dans cette évaluation critique ?

COMPTE RENDU DES IDEES DANS LEUR ORDRE D'EMISSION

Utiliser les moyens audio-visuels,... faire un fric-frac,... embaucher des vedettes de cinéma,... faire de la politique,... embaucher des polytechniciens,... faire un referendum et un sondage d'opinion,... faire quelque chose de spectaculaire du point de vue social (exemple : village de vacances pour les employés),... permettre aux confrères de créer des sociétés,... créer dans le cadre de la profession une commission nationale des loisirs,... introduire dans chaque commission un membre étranger à la profession,... mettre une femme dans chacune des commissions,... créer une commission « communauté service » pour étudier les cas sociaux des employés,... faire participer l'Ordre, financièrement et par du personnel, aux expéditions polaires,... créer une équipe féminine de catch composée de femmes géomètres,... intervenir gratuitement pour les « économiquement faibles »,... rendre obligatoire un séminaire psycho-socio à tous les membres du Conseil Supérieur,... instituer un test physique pour tous les membres du Conseil Supérieur,... demander à des spécialistes de la Publicité de créer le sigle de la profession,... tourner un film sur la profession avec B.B. comme teneur de carnets et Belmondo comme chef de brigade,... faire connaissance des professionnels à l'échelon international,... faire une « Nuit des Géomètres » style Quat-z-arts,... favoriser la présence d'un Noir à l'intérieur des cabinets dont le nombre d'employés est supérieur à 20,... que l'accès à la profession soit réservé à un certain nombre de stagiaires ayant parcouru la plus grande étendue de territoire,... que sur le panneau routier annonçant une restriction à la circulation (à cause d'une équipe de géomètres au travail) soit représentée une cover-girl,... être la première profession libérale à donner six semaines de congé à ses employés,... création d'un village pour les vieux géomètres...

Animateur (intervention 1)

Organiser des jumelages entre une région de France et une région d'un pays étranger,... rendre l'anglais obligatoire pour la profession,... financer des équipes topographiques pour exécution de travaux à l'étranger,... faire une enquête auprès des professions libérales voisines pour préciser les relations que nous avons avec elles. Cette enquête serait menée sous la forme de questionnaires,... rendre les cours d'éloquence obligatoires pour les managers de la profession,... des concours primés par la profession dans les Ecoles techniques,... commencer la spécialisation dans l'enseignement plus tôt, de manière à gagner deux ans,... instituer un prix de présentation pour l'accueil dans les cabinets,... création d'équipes sportives de compétition,... instituer des compétitions entre des équipes de cabinets différents, sous la forme d'un cheminement altimétrique ou autre,... que les géomètres d'une même région ou d'une même ville fassent de la publicité collective,... faire des offres de

services aux Etats africains et éviter leur envahissement par les géomètres étrangers qui sont payés par les fonds français,... faire de la publicité avant les réunions,... création d'un panneau spécial et utilisation de ce panneau pour le travail en ville,... avoir un homme politique spécialement chargé de nous représenter à la Chambre,... réformer nos statuts pour permettre la publicité,... avoir une formation générale plus importante pour le diplôme final,... uniformisation des méthodes de travail pour tous les cabinets,... diffuser dans le public des cartes portant les noms des Géomètres,... augmenter les cotisations pour qu'une part de celles-ci soit affectée à l'information,... considérer le profit comme un moteur de l'activité,... création d'un insigne propre à la profession,... avoir au niveau supérieur une équipe de spécialistes au courant de ce qui se passe dans les professions connexes,... création de comités de contrôle de nos cabinets,... obligation avant d'exercer la profession de Géomètre-Expert de faire un stage dans une profession annexe, et obtenir la réciprocité,... représentation de notre profession chez les fabricants d'appareils d'optique...

Animateur (**intervention 2**)

Prendre pour principe d'organiser la réunion des clients au bureau,... demander la présence au sein des grandes administrations ou sociétés importantes d'un géomètre privé,... création d'une Caisse nationale de Prêts pour les géomètres,... créer un village international des géomètres et de leurs familles,... recherche d'un diplôme commun pour les pays du Marché Commun,... présentation de jeunes confrères par les anciens aux diverses administrations,... obligation pour les jeunes confrères de recueillir les conseils d'un Ancien,... faire une émission de T.V. sur la profession de temps en temps,... se grouper pour être plus forts,... avoir des moyens d'expression plus importants,... faire des séminaires pour apprendre à mieux se connaître,... faire plus de publicité : que le nom du géomètre soit inscrit au même titre que les architectes sur les affiches publicitaires d'immeubles,... éliminer les parasites dans la profession,... éviter la scission qui risque de se produire entre expert et topographe,... se faire respecter par la clientèle privée,... création d'écoles spécialisées de recrutement d'employés,... lorsqu'on publie dans les journaux des cartes de lotissement, que le nom du géomètre soit mentionné,... payer des juristes à l'échelon supérieur, attachés à la profession, pour repérer les décrets et lois qui nous intéressent, pour pallier les inconvénients qu'ils contiennent,... créer des équipes de Water-polo de géomètres pour faire la tournée des plages,... limiter l'âge des responsables au Conseil Supérieur de l'Ordre,... recours à des spécialistes de la publicité pour organiser la propagande,... se faire représenter dans les ministères,... augmentation du tarif pour la réalisation de ces vœux,... établir des contacts étroits avec les Préfectures,... organiser des visites de personnalités de la région pour voir les travaux et appareils,... que sur ce panneau soient inscrits nom et ordre des géomètres,... interdiction de cession d'un cabinet de géomètre à une profession parasite,... participation des géomètres aux plans d'urbanisme de leur ville,... création d'une maison des vieux géomètres,... création de cours de langue étrangère,... possibilité aux géomètres de faire de la publicité,... cours de topographie obligatoire à la fin d'un cycle,... que l'Ordre des géomètres parraine les jeunes auprès des administrations,... faire des conférences sur la profession,... création de sociétés plus larges comprenant des ingénieurs civils,... élire

à la tête de Conseils régionaux des personnalités puissantes ayant un rayonnement,... avoir le respect des engagements pris,... faire des congrès importants et spectaculaires, les congrès doivent réunir des professions associées,... augmenter la solidarité des confrères,... standing moderne du cabinet du géomètre,... accepter la plus petite ou la plus grande des missions, ne jamais refuser un travail,... créer des relations autres que des relations professionnelles avec des animateurs des administrations,... spécialisation des cabinets à des prix meilleurs pour les clients et un meilleur service au client,... faire une publicité pour la réunion des Conseils régionaux,... faire des stages à l'étranger,... accepter des travaux à l'étranger,... ne pas limiter le rayon d'action d'un cabinet...

Animateur (intervention 3)

Faire l'inventaire des personnalités politiques que les confrères connaissent,... faire des conférences dans les écoles, en classes terminales,... améliorer la profession par un enseignement post-scolaire, d'où meilleur travail, et mieux se faire connaître,... dans nos examens, donner des points d'avance aux titulaires de licences,... limiter les mandats à tous les stades présidentiels,... établir des relations à tous les échelons avec les professions parallèles (architectes, métreurs),... faire appel à des spécialistes extérieurs pour tous les problèmes qui se posent à la profession,... faire des congrès avec des thèmes d'intérêt national et public,... publication très large du tableau de l'Ordre dans les annuaires existants,... diffusion maximale du tableau de l'Ordre dans les professions parallèles (architectes, notaires, etc...),... faire en sorte qu'on parle beaucoup de ce présent séminaire,... faire en sorte que l'insigne « géomètre » pour les voitures soit porté par tous les géomètres,... demander que le « temps des copains », où il y a un géomètre, repasse sur la 2e chaîne de télévision,... introduire des géomètres (de confiance) dans d'autres organisations que la nôtre,... favoriser, aider matériellement les « nuits » des étudiants de nos écoles,... multiplier les rapports des dirigeants de la profession avec des personnalités marquantes de leur région,... profiter de l'enterrement d'un confrère pour faire beaucoup de publicité,... pour les travaux en ville, multiplier le matériel voyant, au besoin en bloquant la circulation avec agent,... interdiction de réunir des clients dans des bistrots,... combattre les sociétés non inscrites à l'Ordre par une définition et une application plus rigoureuse des articles 1 et 2 de la loi du 7 mai 1946,... dans le cadre d'une information intérieure renseigner les confrères des autres régions sur la région touristique où l'on réside,... désigner à l'échelon régional un confrère qui se préoccuperait des problèmes du Marché Commun,... liaison de ce confrère avec un confrère désigné sur le plan national pour le même objectif,... signer des protocoles d'accord avec les professions voisines pour définir les zones d'action de chacune,... création d'un poste de secrétaire-rédactrice chargée de rédiger des articles techniques de confrères afin de leur donner une tournure plus française et plus publicitaire,... pousser les anciens à aider les jeunes, et les jeunes à demander conseil aux anciens,... favoriser l'émulation entre nos différentes écoles,... faire des articles de presse pour toutes les manifestations de la profession,... mettre à la direction de l'information des hommes jeunes, qui changent souvent,... au moment des réunions inviter les personnalités officielles,... intervenir auprès des élus locaux,... se présenter aux élections municipales,... instituer des concours de recrutement,... éliminer la concurrence des fonctionnaires,...

recruter des employés d'un niveau supérieur,... éliminer les gens improductifs,... créer des liens affectifs entre les familles de géomètres,... meilleure diffusion des informations auprès des membres de la profession,... amélioration du bureau d'accueil à la clientèle,... faire une exposition de travaux inter-cabinets,... exciter l'intérêt des employés sur la qualité de leur travail,... multiplier les séminaires pour renforcer le rayonnement et la personnalité du géomètre,... instituer des cours d'éloquence au stade post-scolaire,... créer des liens de solidarité entre anciens élèves d'une même école, dispersés dans les administrations,... dans le but de s'ouvrir l'esprit, multiplier la participation aux voyages à l'étranger,... intensifier les relations personnelles avec les membres de la magistrature,... éviter les cloisons et coupures entre les différentes formations de la profession,... aller voir comment les professions parallèles ont résolu leurs problèmes,... utiliser l'esprit critique des autres professionnels qui ont résolu leurs problèmes...

Animateur (intervention 4)

Que les géomètres soient présents aux enterrements de leurs clients,... que chaque géomètre fasse des cocktails à la maison,... quand un confrère a exécuté un travail spécial, diffuser le dossier type aux autres confrères,... uniformiser les tarifs entre confrères pour un même travail,... empêcher l'exploitation du nom de géomètre par une société pour signer un marché,... veiller à ce que les comités de coordination de travail à grandes échelles observent les articles 1 et 2 de la loi,... établir des contacts familiaux avec les géomètres étrangers,... échanges d'enfants avec l'étranger,... accueil de géomètres étrangers par les géomètres d'une certaine région,... améliorer les méthodes de comptabilité pour les prévisions,... se familiariser avec les méthodes de sondage acoustique ou autres,... fournir des travaux de qualité avec normes minima exigées,... mise en œuvre de moyens pour augmenter la cohésion et la solidarité, pour éviter la fuite des employés d'un cabinet à l'autre, et création du Brevet de Chef de Brigade,... faire des affiches publicitaires,... faire du recyclage,... faire des cartes routières offertes par les stations-service avec publicité sur la profession,... accroître le rayonnement du géomètre dans son environnement,... favoriser la réalisation de films où il y a un rôle de géomètre dans le film,... que l'enquête menée le soit par des contacts personnels,... faire des démonstrations sur les plages...

(Corrigé pages 52 et 53).

EXERCICE 7

LA REUNION D'INFORMATION ASCENDANTE

Situation générale.

Dans le service comptable d'une Entreprise industrielle, un malaise règne. Une tension existe entre les personnes, et les incidents sont nombreux. Ils « transpirent » de manière informelle dans toute l'usine, quoique personne n'en parle ouvertement.

Le Directeur de l'usine perçoit le malaise, mais les rapports du Chef du service comptable ne le satisfont pas, et il n'ose pas brusquer les choses de crainte de la démission pure et simple de ce responsable (que par ailleurs il apprécie).

Il demande au Chef du Personnel de faire une enquête et d'interviewer les personnes (il y en a 13 dont 9 employés et 4 cadres) « pour avoir des clartés sur ce malaise qui dure, et pour prendre des mesures appropriées ».

Votre exercice consiste à repérer « les erreurs psychologiques » du Chef du Personnel dans cette réunion, étant donné son but.

. . . .

Le Chef du Personnel, pensant qu'il « faut s'expliquer une bonne fois », décide de réunir l'ensemble des 13 personnes du Service Comptable en une « réunion d'information ». Il prévoit cela un vendredi à 17 h pour ne pas gêner le service et prévient les employés la veille de ce jour.

Il ouvre la réunion à laquelle tout le monde est présent, disposé en auditoire par arcs concentriques, par cette introduction parlée :

« *Je vous remercie d'être présents à cette réunion intime et j'espère que vous serez libres à 18 heures pour un week-end bien mérité. Aussi, irai-je droit au but. Alors que, individuellement, chacun de vous est à la fois dévoué et compétent, le travail en commun ne donne pas le rendement escompté et je m'en inquiète, car vous êtes collectivement responsables, naturellement, de la marche du service.*

« *Le malaise qui semble régner est assez flou et indéfinissable, et puisqu'il s'agit d'un problème de service, localisé au service, je crois préférable d'essayer de laver notre linge sale en famille. Je souhaite vous interviewer pour y voir clair et pour que la Direction puisse prendre les mesures appropriées.* »

Voici un fragment de la suite :

(Silence pendant trois minutes.)

Le Chef du Personnel. — *Nous allons demander à l'un d'entre vous de faire une description de la situation.*

(Nouveau silence. Tout le monde regarde le Chef de Service. Celui-ci reste muet.)

Un Cadre, qui a demandé la parole en levant la main. — *De quoi se plaint la Direction, au juste ? Y a-t-il des sujets de mécontentement de la Direction sur le travail fait dans notre service ?*

Le Chef du Personnel. — *Pour l'instant, non.*

Un Employé. — *Vous semblez craindre que tôt ou tard des perturbations n'apparaissent au niveau du travail, de sa qualité ou de son rendement.*

Le Chef du Personnel. — *Je pense effectivement que toute tension entre les personnes étant source de frictions, de malentendus, de méfiance, finit nécessairement par retentir sur le travail qui est une œuvre collective.*

Le Chef de Service. — *Pourquoi supposez-vous, Monsieur, que les communications professionnelles et administratives doivent nécessairement pour être bonnes, se fonder sur une bonne communication du genre... disons affectif ?*

Le Chef du Personnel. — *Je ne suppose pas, je sais par expérience que les bonnes relations entre les personnes font l'efficacité du travail !*

Une Employée, timidement. — *Vous ne pouvez travailler, dans ce cas, qu'avec des gens que vous aimez.*

Le Chef du Personnel. — *N'exagérons pas. Il ne s'agit pas d'amour* (rires, détente) *ni même d'affection, mais d'amitié et d'estime réciproque, de confiance, quoi, et de loyauté !*

Le Cadre, qui a déjà parlé. — *Dans ce cas-là, comment recrutez-vous ? Est-ce sur titres et qualifications ou à la sympathie personnelle ?*

Le Chef du Personnel. — *Votre question n'est pas embarrassante. Vous savez bien qu'un contact personnel est indispensable pour choisir à titres équivalents, entre plusieurs candidats ? C'est justement cela que je veux dire, cette nécessité d'une confiance,... savoir qu'on pourra communiquer...*

Un autre Cadre. — *C'est bien une question d'intuition personnelle et ces employés ont tous en commun de vous être sympathiques.*

Une Femme. — *Peut-être avez-vous besoin de trouver autour de vous des gens qui vous sont sympathiques ?*

Le Chef du Personnel. — *Ne trouvez-vous pas justement que cela simplifie considérablement le travail et élimine ces tensions pénibles qui naissent de l'antipathie, ces résistances à la transmission ou à l'exécution des ordres ?*

Le Chef de Service. — *Dans ce cas, je me demande si vous les appréciez parce qu'ils sont non seulement sympathiques mais aussi obéissants ?*

LE CHEF DU PERSONNEL. — *Il est certain que c'est une double qualité que j'apprécie énormément.*

UN AUTRE CADRE. — *Serait-il exagéré de penser que c'est le dévouement et l'obéissance comme qualités qui, intuitivement perçus par vous chez les candidats à l'embauche, vous les rendent sympathiques ?*

LE PREMIER CADRE. — *Si c'était cela, il s'agirait d'un préjugé favorable qui serait sujet à révision au cours du travail, et la sympathie première risquerait de fondre comme neige au soleil à la première résistance à l'obéissance.*

LE CHEF DU PERSONNEL. — *Il est évident que la rencontre de la déloyauté met à rude épreuve une première sympathie.*

LE CHEF DE SERVICE. — *Vous employez indifféremment déloyauté et résistance à l'obéissance ? Vous en arriveriez à dire qu'il n'y a de type franc que s'il obéit sans discuter.*

LE CHEF DU PERSONNEL. — *Ouais... vous voulez me faire dire que je ne trouve sympathique que les esclaves !* (Il n'a pas l'air content.)

(Silence général, gêne.)

LE CHEF DU PERSONNEL, s'efforçant de renouer le dialogue. — *Je ne vous demande certainement pas, à vous, d'être des esclaves. Vous ne pouvez pas vous plaindre de mes ingérences dans votre service, Monsieur* (Il s'adresse au Chef de Service), *ni vous Messieurs Dames.* (Il s'adresse aux autres.) *Vous jouissez d'une véritable autonomie dans l'usine, une sorte de petit état dans l'Etat.*

UN AUTRE CADRE. — *Le problème serait de savoir si ce fait perturbe les communications entre le Service et le reste de l'Usine.*

LE CHEF DU PERSONNEL. — *En un sens, oui ! C'est-à-dire que les communications sont strictement régies par le règlement.*

UN EMPLOYÉ. — *Mais le règlement, je croyais que c'était très important.*

(Mouvement de détente, sourires.)

LE CHEF DU PERSONNEL. — *Justement, le règlement si important qu'il soit, n'engendre que des relations froides et il est, vous le savez bien, source d'obligations autant que source de contestations, selon la manière dont on le prend.*

LE CHEF DE SERVICE. — *Il y en a qui préfèrent l'autorité de la règle à l'autorité des personnes. Vous nous dites en tout cas clairement que vous préférez l'autorité des personnes.*

. . . .

N.B. — *En session de groupe ou en T.P. de psychologie sociale, vous pouvez intensifier cet exercice en faisant faire, dans la foulée, l'exercice* 5 *du séminaire* L'interview de groupe.

(Corrigé page 55).

EXERCICE 8

UN EXERCICE DE NEGOCIATION

Première Partie : Exercice en session

En travaux pratiques de session, vous pouvez utiliser les thèmes d'exercices proposés dans deux autres fascicules de la collection : *Le conflit dans l'Entreprise* (de Michel FUSTIER), et *Pratique de la concertation et des réunions d'échanges* (de Pierre LEBEL).

Des expériences intéressantes de *confrontation* (avec blocage de la négociation) ont été faites à partir du « cas de la femme infidèle », présenté dans le séminaire *La méthode des cas* (exercice 1). Pour utiliser ce thème, je vous recommande de distribuer le texte de ce « cas » aux stagiaires individuellement, en demandant leur solution écrite, puis de constituer vous-mêmes, au vu de ces solutions, des sous-groupes *à partir du personnage innocenté* parmi les quatre personnages principaux ; il y aura ainsi au maximum quatre « délégations » (les défenseurs du Mari, les défenseurs de la Femme, les défenseurs de l'Amant, les défenseurs de l'Ami), en nombre différent. Vous pouvez demander qu'un sous-groupe trop nombreux n'envoie à la réunion ultérieure que des « représentants » (dans ce cas, vous aurez l'occasion d'observer le rôle des « groupes de pression », même si vous n'autorisez pas les membres non-délégués à assister à la séance de négociation).

Les sous-groupes sont invités à se concerter à part, puis à venir à une « réunion de négociation » où les délégations devront se mettre d'accord sur la liste des responsabilités décroissantes de ces quatre personnages dans cette affaire. La réunion se déroulera en deux phases (une phase de confrontation, une phase de négociation proprement dite) avec une pause entre les deux, pause utilisée par les délégations pour se concerter de nouveau si elles le désirent.

Etant donné l'implication personnelle des participants dans leurs opinions (l'explication de ce phénomène est fournie dans le séminaire *La méthode des cas*), la négociation échoue, mais l'observation des séances est très instructive, car elles reproduisent tous les phénomènes typiques des négociations. Une conceptualisation de ces phénomènes sera faite au cours du débat en séance plénière (il faudra couper court aux redémarrages passionnés de la discussion et s'orienter sur les généralisations utiles).

.. ..

L'exercice proposé ci-dessous utilise un cas déjà publié (in séminaire *Les méthodes actives en pédagogie des adultes*) mais c'est ici dans un objectif nouveau qui est celui d'une négociation.

Distribuez le texte du cas à chaque stagiaire, et prévenez qu'après lecture et méditation, devront se constituer deux sous-groupes de 5 volontaires (l'un pour jouer le rôle de la délégation des stagiaires, l'autre pour jouer le rôle de la délégation professorale de tendance « dure ») et qu'un stagiaire prenne le rôle de délégué du Directeur. Les acceptations doivent être fondées sur une propension personnelle à s'identifier aux personnages du cas.

Les personnes, dans ces rôles, auront à tenir la réunion prévue à la fin du cas, un des animateurs jouant le rôle du médiateur venu du Ministère.

Le but de la réunion est d'aboutir à un règlement du conflit.

On prévoiera 4 phases : 1) concertation des délégations en des locaux séparés, 2) séance de confrontation, 3) concertation des délégations dans des locaux séparés, 4) séance de négociation active en vue d'aboutir à un règlement du conflit.

Dans le cadre de la session, il s'agira d'analyser comment les choses se passent et d'en tirer un enseignement en vue de la compréhension des phénomènes psychologiques généraux concernant les réunions de confrontation et de négociation.

Voici maintenant le cas qui sert de base à la simulation.

.. ..

TENSION AU CENTRE DE PERFECTIONNEMENT

Le Centre de Perfectionnement et d'Application des Industries Chimiques, à Paris, est un Centre semi-public inter-industries comprenant d'une part une Division *Recherches* qui travaille en liaison avec le CNRS, d'autre part une Division *Enseignemennt* ouverte à des stagiaires déjà ingénieurs-chimistes titulaires d'une Licence Universitaire de Chimie qui viennent y chercher un brevet de spécialité, lequel leur assurera des débouchés sûrs dans des industries particulières telles les industries pharmaceutiques ou agronomiques par exemple.

Ce centre est dirigé par Monsieur Cardy, homme au passé éminent, membre correspondant de l'Académie des Sciences, ancien Directeur de l'Institut Agronomique, devenu, en vieillissant (il a 68 ans) autoritaire et rigide. Il est secondé par deux Directeurs-Adjoints, M. Kossowski et M. Benacri, le premier (du genre du Pr. Cosinus), est spécialement chargé de la Division Recherches, l'autre de la Division Enseignement, et celui-ci est « à la botte » du Directeur Général, avec une mentalité d'adjudant.

D'après un règlement du Centre, tous les chercheurs de la Division Recherches pouvaient, selon les besoins, être affectés à un Enseignement, et ce temps d'enseignement (3 heures par semaine pendant un semestre) les dégageait pour le même délai de leurs laboratoires et les mettait sous les ordres de M. Benacri. La désignation, chaque début d'année universitaire, des chercheurs « arrachés » à la section Recherches pour les besoins de l'Enseignement, était l'occasion de débats épiques, M. Kossowski défendant ses chercheurs toujours « sur le chemin de découvertes sensationnelles », et M. Benacri manquant toujours de personnel enseignant.

Le Directeur Cardy imposait régulièrement à M. Kossowski les exigences de M. Benacri qui semblait jeter son dévolu à plaisir sur les plus

chers protégés de KOSSOWSKI. Dans l'ambiance des Sections Recherches, le temps d'enseignement était considéré par les chercheurs comme une perte de temps, une frustration et une humiliation.

C'est dans ces conditions que, en février dernier, M. Igor ZILOV, brillant chercheur de 28 ans, auteur d'un Doctorat très remarqué sur la vitamine B 15 promise à un glorieux avenir, fut désigné pour assurer le cours semestriel sur *les vitamines de synthèse* dans la section Chimie Pharmacologique de la Division Enseignement.

Ses élèves, au nombre de 18, étaient en principe bio-chimistes et suivaient par ailleurs 15 autres heures de cours par semaine. Parmi ceux-ci 5 étrangers stagiaires très peu intéressés par tous ces cours et très unis dans l'intention de profiter le plus possible de leur Bourse pour mener la vie parisienne. Chez les 13 autres, un stagiaire plus âgé que tous, grand type chevelu et anarchiste de 30 ans, Ludovic ALONZE. C'est lui qui donna tout de suite au jeune professeur le surnom de Zizi, ce que le professeur lui rendit assez vite en l'appelant systématiquement « La Marseillaise » à cause de l'assonance de son nom (« Allons-enfants-de-la-patrie »). Car le professeur Igor ZILOV se montrait d'une ironie caustique qui n'avait d'égal que le niveau scientifique de son cours et ses exigences concernant le travail personnel de ses étudiants. Ecrivant à grande vitesse au tableau des problèmes de biochimie largement au-dessus du niveau réel de ses auditeurs, Igor ZILOV prenait une sorte de plaisir méchant à leur démontrer leur nullité et à les railler sans pitié.

Ceux des stagiaires qui avaient voulu protester ou lui tenir tête avaient renoncé devant ses réponses ironiques aussi fulgurantes que spirituelles qui les ridiculisaient à tous les coups.

Certains — dont les 5 étrangers — avaient été se plaindre à M. BENACRI qui les avait envoyés à M. CARDY lequel les avait menacés d'exclusion, et, pour les étrangers, de suppression de bourse ou de renvoi sans tarder dans leur pays d'origine. Ceci dès le mois de mars. ZILOV se taille donc assez rapidement une réputation de « sadique » parmi l'ensemble des stagiaires du Centre qui l'associent, dans leur hostilité, à la « peau de vache » qu'est, disent-ils, le Directeur Général.

Le 14 mai, époque du contrôle des connaissances en vue du diplôme de spécialité, la Chimie pharmacologique est tirée au sort comme matière d'examen (d'après le règlement de l'Ecole, deux des cours sur cinq étaient tirés au sort par section 8 jours avant les épreuves — uniquement écrites — et il fallait la moyenne dans ces seules deux épreuves pour avoir le Diplôme).

Aussitôt connus les résultats du tirage au sort, les 18 élèves de Biochimie, menés par ALONZE et les 5 étrangers, entrent en grande effervescence, ameutent les 80 stagiaires des autres divisions, et, après trois jours de grand chambardement et de multiples Assemblées communes, la grève générale des cours est décidée ainsi que le boycott de l'examen et l'occupation des locaux administratifs « jusqu'à ce que soit annulé le pseudo-tirage au sort fabriqué par ZILOV-CARDY. »

Les chercheurs disparaissent dans leurs laboratoires dès le début de l'effervescence. On ne voit ni ZILOV ni KOSSOWSKI ni leurs collègues. Les autres enseignants sont à tout instant dans le bureau de CARDY. La plupart réclament l'appel à la police et l'évacuation du Centre. Quatre jeunes enseignants soutiennent les « revendications » des stagiaires, ce qui accroît le sentiment général d'insécurité.

CARDY rend compte à son Ministre de tutelle le 18 mai, vers 10 heures, lorsque BENACRI lui annonce que l'« invasion » des bâtiments administratifs est imminente, les locaux d'enseignement étant occupés depuis la veille.

Le Ministre répond qu'il expédie au Centre un de ses collaborateurs avec mission de prendre sur place toute décision utile. Il s'agit de M. Ribou, Directeur des Enseignements techniques, connu pour son sens diplomatique.

M. Ribou a demandé qu'on annonce par tous les moyens et à tous, dès le 18 dans l'après-midi, qu'il arriverait au Centre le 18 au soir et qu'il recevrait personnellement les délégués des stagiaires, ce qui calme momentanément l'effervescence.

Le 18 en nocturne et le 19 toute la matinée, M. Ribou reçoit tous ceux qui demandent à le voir (il n'est pas sollicité par le groupe Kossowski) et apprend pratiquement le contenu de cette histoire telle qu'elle est rapportée ci-dessus.

Le même jour à 15 heures, après avoir prévenu tout le monde, il organise une « réunion de concertation » comprenant 5 délégués des stagiaires, 5 délégués des professeurs de la tendance « dure », et le représentant désigné par M. Cardy. Ni Cardy, ni Benacri, ni Alonze ne sont de cette réunion (M. Ribou a obtenu qu'ils soient tous d'accord pour éviter l'affrontement des personnes et pour s'en remettre, sans être là personnellement, à la décision de cette réunion). Nous sommes par convention, le 19 mai à 15 heures, et la réunion va avoir lieu.

.. ..

Deuxième Partie : Exercice individuel

Sur le cas donné en Première Partie, voici le compte rendu abrégé de la réunion telle qu'elle a été tenue au cours d'un séminaire sur la conduite des réunions.

Votre travail consiste à repérer les phénomènes essentiels dans trois champs : 1) les phases de la négociation au cours des séances, 2) les attitudes des sous-groupes et des individus, et leur évolution au cours des séances, 3) la méthode ou les méthodes du médiateur.

.. ..

SEANCE DE CONFRONTATION

Les deux délégations ont tenu des réunions séparées juste avant. Il est manifeste qu'au cours de ces réunions de concertation, chaque sous-groupe de cinq a trouvé son leader. *Les délégations se sont assises autour de la grande table ovale, chacune groupée d'un côté, le leader au milieu de son sous-groupe, donc face au leader adverse. Le représentant du Directeur s'est mis en face du médiateur. L'axe médiateur-représentant du Directeur sépare donc les deux délégations, et se coupe à angle droit avec l'axe inter-leaders.*

Le médiateur a exposé le but de sa présence (résoudre le conflit) qui est l'objectif de cette réunion. Il remercie les présents et les nomme un par un en mentionnant leurs fonctions dans le Centre de Perfectionnement et leur appartenance. Il évoque les conversations du 18 et du 19, et le résultat de ces consultations, c'est-à-dire d'une part l'accord de MM. Cardy, Benacri et Alonze, d'autre part le tableau de la situation (le texte même du cas) qui a été reconnu exact par tous les intéressés. Il insiste, pour conclure, sur la co-responsabilité des participants pour une résolution rapide du conflit. Il donne la parole au représentant du Directeur.

.. ..

Le représentant de M. CARDY : Je suis Monsieur Jité et j'assure les fonctions d'Attaché principal au Centre. Je représente Monsieur le Directeur qui m'a donné tout pouvoir de négocier en son nom dans le but de résoudre ce conflit au mieux des intérêts ici représentés. Il m'a chargé de remercier publiquement M. Ribou, représentant personnel du Ministre, pour avoir accepté le rôle de médiateur et pour avoir déjà, par la qualité de sa présence et de ses consultations, fait naître l'espoir d'une solution positive.

BEER, leader de la délégation des étudiants (*s'emparant de la parole et d'un ton calme*) : La solution positive dont vous parlez, Monsieur Jité, ne sera pas un colmatage de la brèche, ce sera un renouvellement global du Centre et de sa structure, parce que...

HERES, leader de l'autre délégation (*lui coupant la parole d'un ton violent*) : Vous êtes frustrés de votre but qui est de tout casser, et naturellement vous voulez profiter...

M. RIBOU (*fermement*) : M. Heres ! Vous aurez la parole dans un instant, de même que vous M. Beer. Permettez-moi au moins d'organiser le débat (*il remercie M. Jité*)... M. Beer, vous avez la parole.

BEER (*d'un ton calme*) : Le vrai problème, dont la situation actuelle n'est que le résultat, est celui de la structure du Centre. Cette structure est

archaïque et de type militaire, les étudiants y étant considérés comme des enfants, des mineurs, des sous-développés, en un mot des colonisés. A aucun moment le Directeur n'a voulu prendre conscience de ce que produisaient ses méthodes. Qu'il me suffise de rappeler comment il a traité en mars dernier, la délégation — dont j'étais avec les cinq camarades africains — qui a été se plaindre de la façon dont se pratique l'enseignement ici. Non content de nous menacer d'exclusion, il a sciemment organisé la répression la plus barbare et la plus sournoise en faisant porter l'examen sur le programme de Chimie Pharmacologique, ceci pour nous punir d'avoir osé...

JITÉ et HÉRÈS (*parlent à la fois avec véhémence. Des mots sont lancés*) Mensonge !... Vrai tirage au sort !... J'y étais !... En présence du délégué des étudiants !...

M. RIBOU (*autoritairement aux interrupteurs*) : Je vous prie de laisser M. Beer terminer (*à Beer*). Vous avez dit deux choses jusqu'à présent : 1) la structure du Centre est archaïque-autoritaire, et c'est la cause profonde du conflit actuel, 2) le Directeur a organisé la répression d'une part en mars lors des premières plaintes et d'autre part en fabriquant un faux tirage au sort pour aggraver la punition et montrer sa toute-puissance.

BEER (*qui a hoché la tête, continue sur le même ton*) : Et la suite logique souhaitée par les délégués des professeurs ici présents est encore la violence et la répression, l'appel aux C.R.S., pourquoi pas l'arrestation, l'emprisonnement, le Tribunal et autres instruments au service du Pouvoir...

HÉRÈS (*qui fulmine, lève la main :* Je demande la parole... *le médiateur la lui donne... Hérès parle avec agitation et hargne...*) : Le pouvoir central dont ces jeunes gens pensent qu'il est répressif est au contraire un gouvernement félon qui se déculotte devant tout groupuscule si minable soit-il, pourvu qu'il brandisse une idéologie révolutionnaire. Je dois dire que je ne crois absolument pas à la volonté de négociation de la délégation étudiante pour l'excellente raison qu'ils n'ont pas besoin de négocier. Déjà la radio, la télévision, les journalistes, ameutés par eux, commencent impunément le matraquage de l'opinion en révélant ce qu'ils appellent la répression. Demain et sur ordre d'un gouvernement tremblant, miné de l'intérieur par leurs complices, c'est nous qui serons sanctionnés, déplacés, révoqués peut-être, et ces Messieurs obtiendront tout ce qu'ils veulent, et d'abord leur diplôme sans examen, ce qui est à la mode dans l'Université. Je ne me laisserai pas prendre au ton de chat fourré de Monsieur Béer. Il tient sa belle occasion, son bon prétexte, même fondé sur le mensonge du faux tirage au sort, pour nous resservir toute la litanie du système répressif et autres gargarismes de la « gôche »... (*Mouvements d'indignation dans l'autre délégation...*).

M. RIBOU (*prenant la parole autoritairement*) : Je ne relèverai pas les accusations qui me viennent des deux côtés, les uns (*désigne les étudiants*) faisant de moi un agent de la répression, les autres (*désigne les professeurs*) faisant de moi un agent de la démission de l'autorité. Je suis seulement certain que les opinions se sont exprimées et que chaque délégation a entendu la position de l'autre, par la bouche des deux porte-parole (... *il les reprend et les résume sans aucune critique...*). Mais mon devoir est de vous demander de revenir à la situation actuelle. Que chaque délégation donne sa position quant à la solution, autrement dit, que proposez-vous ? A vous, l'un ou l'autre, de parler.

BÉER (*toujours sur un ton affable*) : Nous demandons que soit mise en

place tout de suite, puisque vous (*se tourne vers le médiateur*) avez pleins pouvoirs, une nouvelle structure du Centre. A sa tête, une Commission de Direction paritaire de 12 membres dont six étudiants élus. Cette commission décidera de la réorganisation des cours et des examens, et dans l'immédiat, instituera des modalités de l'examen, ce qui implique l'annulation de ce qui a été fait jusqu'à présent et d'abord du pseudo-tirage au sort.

M. RIBOU (*très calme*) : Bon, telles sont vos demandes (*se tourne vers Hérès*) : A vous !

HÉRÈS (*qui fait un effort de calme et lit un papier*) : Nous demandons l'évacuation immédiate des locaux, sans condition, car nous ne pouvons pas délibérer sous la menace. Nous demandons aussi la reprise de l'examen de fin de stage ceci en vue de la délivrance des diplômes de spécialisation dont l'immense majorité des stagiaires a professionnellement besoin. A ce sujet, je m'insurge le plus solennellement possible contre l'accusation fausse concernant le tirage au sort. Celui-ci a été effectué par M. Jité dans les règles, en présence d'un délégué étudiant, au cours de la réunion du Conseil, et il est mensonger de dire qu'il a été truqué.

M. RIBOU (*très froid*) : Bon. Voilà la position des délégués enseignants. M. Jité nous a déjà dit qu'il n'avait pas de position a priori... Je fais remarquer maintenant à M. Béer que sa position est à la fois absurde et dangereuse car à supposer que nous décidions ici de vous donner satisfaction,vous vous retrouveriez dans votre Commission paritaire exactement dans la situation où nous nous trouvons maintenant ici, c'est-à-dire celle d'une négociation, et par forcément facile. Retenez bien cela. Vous aurez reculé les conditions de la solution. Et vous aurez perdu un temps précieux pour les étudiants ; il faut des décrets, des textes de structure ; et une institution de ce genre ne serait certainement pas en place demain. Elle se situerait au plus tôt dans six mois. (*M. Ribou développe cette idée et la justifie*). Veuillez réfléchir à cela.. quant à la position de M. Hérès, elle est également absurde et dangereuse, car elle maintient les exigences de l'examen et demande pratiquement le retour au *statu quo* antérieur, ce qui est la négation pure et simple du problème et de la situation actuelle. (*M. Ribou développe cette idée et la justifie...*). Veuillez réfléchir à cela, s'il vous plaît.

Je trouve que dans les deux positions, il y a une minimisation, voire une élimination de notre réunion ici pour résoudre une situation d'urgence alors que nous en avons le pouvoir... et la responsabilité. Je suis frappé de constater combien les uns et les autres, vous êtes loin de la situation d'urgence qu'il nous incombe de comprendre et de traiter (*il continue sur cette idée*). Je propose une suspension de séance de 45 minutes pour que les délégations délibèrent... (*tous sortent*).

.. ..

DEUXIÈME SÉANCE (*même disposition*).

HÉRÈS (*qui a demandé tout de suite la parole et d'une voix froide en restant debout*) : Monsieur Ribou, je vous informe que notre délégation abandonne le tirage au sort tel qu'il y a eu lieu (*mouvements de surprise et d'exultation chez les étudiants*). Elle considère qu'avec cette concession, elle fait un pas important vers la solution, et espère que l'autre partie appréciera... (*il s'assoit*).

M. RIBOU (*remercie chaleureusement Hérès et demande aux étudiants ce qu'ils en pensent*).

BÉER (*légèrement ironique*) : C'est une indiscutable victoire de classe et nous apprécions. Qu'il nous soit permis de supposer, d'une part que les réformes de structure inquiètent l'Administration du Centre, et d'autre part que c'est là un aveu du truquage du premier tirage au sort.

HÉRÈS (*qui s'est dressé d'un bond*) : Si l'insulte doit répondre à notre geste d'apaisement, je demande la permission pour la délégation professorale de se retirer de la négociation.

M. RIBOU (*très froid*) : Refusé ! Vous vous laissez manœuvrer puisque tout le monde pourra dire que vous avez rompu la négociation alors même que vous lui faisiez faire un pas important. (*aux étudiants*) Que proposez-vous de positif de votre côté ?

BÉER (*ton neutre*) : Nous voudrions savoir d'abord par quoi le Pouvoir va remplacer ce tirage au sort annulé.

HÉRÈS (*aussitôt et d'un ton emporté*) : Par un nouveau tirage au sort !

BÉER (*ton neutre*) : Dans ce cas-là nous refusons parce que la Chimie pharmacologique risque de sortir de nouveau. Nous demandons que ce papier-là soit retiré d'avance...

HÉRÈS (*aboyant presque...*) : Donc que l'on truque le tirage au sort pour vous faire plaisir !... (*les deux leaders se défient du regard. Les membres des délégations ont l'air gêné. M. Jité a l'air pessimiste*).

M. RIBOU (*d'une voix ferme*) : Je suis content de voir que nous sommes devant un fait concret après beaucoup de déclarations de principe. Car si l'on examine objectivement la situation, le fait qui a tout déclenché c'est le tirage de la Chimie pharmacologique comme matière d'examen. Je ne comprends pas pourquoi les uns et les autres vous n'avez pas vu que ce tirage, étant donnée la façon dont cette matière a été enseignée, a déclenché l'angoisse générale puis la colère en réaction. Voici les faits (*il reprend dans le cas le passage correspondant*).

HÉRÈS : C'est ce qui nous fait renoncer à ce tirage !

Un voisin de Béer (*qui a levé la main pour demander la parole*) : Cette matière n'a pas été enseignée, car on ne peut appeler « enseignement » les leçons du Professeur Zilov.

Un voisin de Hérès (*d'un ton convaincu*) : Notre ami Zilov est un éminent chercheur !...

M. RIBOU : Mais on vous dit seulement qu'il n'est pas pédagogue... Et je me demande même, si j'en crois un autre fait mentionné ici (*il montre un passage du texte*), s'il n'a pas saboté son enseignement quasi-intentionnellement dans la mesure où pour les chercheurs, le service d'enseigner est considéré comme une brimade administrative...

Un autre voisin de Béer : Ne pourrait-on pas penser qu'il s'est vengé de sa désignation par M. Bénacri, et que c'est la promotion de ses stagiaires qui en a fait les frais ?

M. RIBOU (*à celui qui vient de parler*) : Qu'est-ce qui vous a donné cette idée ?

Le précédent : Nous savons que M. Bénacri, toujours couvert par le Directeur, prend un malin plaisir à désigner les plus chers protégés de M. Kossowski...

Un autre voisin de Hérès : Dans ce cas, il faut aller jusqu'au bout et remonter au conflit chronique, bien connu dans le Centre, du côté professoral, entre Messieurs Kossowski et Bénacri.

M. Ribou : Conflit chronique ? Que voulez-vous dire ?

Le précédent : Les deux départements sont sans aucune harmonisation et essaient tous deux de tirer la couverture à eux...

Béer (*interrompant*) : Voilà la structure qui est à la source de toutes les tensions !

M. Ribou (*à Béer*) : Effectivement voilà une cause précise. (*Au professeur*). Continuez, je vous prie...

Le professeur : Le directeur du département Enseignement arrachait, c'est le mot, des enseignants à Kossowski en ayant toujours l'appui de Monsieur Cardy... Il se pourrait même que la panade actuelle soit toute entière l'œuvre collective du Département Recherches.

M. Ribou : Le fait est que le conflit est aujourd'hui localisé entre d'une part les étudiants, eux-mêmes soulevés par le noyau des stagiaires qui ont enduré la méthode Zilov, et d'autre part l'Administration de Messieurs Bénacri et Cardy.

M. Jité (*qui a demandé la parole*) : Ceci donne un sens à l'absence complète de tous les membres du Département Recherches dans le débat et depuis le début des événements. Ils se désolidarisent absolument de ce qui se passe et de ce qui peut se produire maintenant.

Un quatrième professeur : Vous n'allez tout de même pas croire que, par événements interposés, le Département Recherche a lancé les étudiants à l'assaut de l'Administration du Centre !

Le troisième professeur : Pourquoi pas ?

Béer : Je note en tout cas que les raisons profondes de notre contestation apparaissent clairement aux yeux de tous.

Hérès (*intervenant*) : Dites qu'on s'aperçoit plutôt que tous les stagiaires ont été manipulés à leur insu par le tandem Kossowski-Zilov pour faire chuter Bénacri et le Directeur...

M. Ribou (*développe, en citant des faits, cette nouvelle analyse de la situation et conclut*) : Je résume la situation telle qu'elle apparaît à une analyse collective centrée sur les faits et en évitant les interprétations ou les idéologies a priori : Monsieur Zilov est mécontent, comme tous les chercheurs, d'être désigné. Cette désignation, couverte par le Directeur, réactive un antagonisme chronique entre les deux départements du Centre et entre Messieurs Kossowski et Bénacri. Zilov, excellent chercheur et médiocre pédagogue, se venge sur les stagiaires qui, eux, mêlent dans leur ressentiment Messieurs Zilov... et Cardy. L'explosion a lieu lorsque par le hasard du tirage, le contenu du cours Zilov devient la base de l'examen terminal. Cette explosion réjouit finalement tout le Département Recherches qui est empressé à disparaître de la scène et qui assiste en spectateur au combat entre les stagiaires et l'Administration... Pas de commentaires ? (*regard alentour. Tout le monde a l'air de réfléchir*). Je propose une suspension de séance. Reprise dans 30 minutes pour une séance finale de solution concrète sur vos propositions nouvelles.

.. ..

TROISIÈME SÉANCE (*la disposition spatiale a changé. M. Jité est à droite de M. Ribou, Hérès et Béer se retrouvent côte à côte de l'autre côté. M. Ribou demande si les délégations ont des propositions de solution*).

HÉRÈS : A l'annulation du tirage au sort, nous ajoutons le retrait de la Chimie pharmacologique des épreuves de validation du stage de cette année.

BÉER : La délégation des étudiants a, dans l'intervalle, demandé et obtenu l'évacuation des locaux occupés et l'annulation de toute action en attendant l'affichage, demain, des dispositions que nous prendrons ici.

M. JITÉ : Dans la suite de ce que proposent les professeurs, nous pourrions décider que l'examen de cette année dans le secteur concerné, portera seulement sur la seconde des matières tirés au sort ; or ceci peut être réalisé soit en éliminant la chimie pharmacologique soit en considérant que tous les candidats ont la moyenne requise en cette première matière ; cette solution aurait l'avantage de ne pas aller contre le règlement actuel, donc d'éviter toute annulation ultérieure.

(*Ainsi lancés, les partenaires ont abouti en 30 minutes, à des résolutions positives comprenant les dispositions à prendre pour l'examen, le remplacement ultérieur de l'enseignement des chercheurs par des stages pour les élèves du Centre dans les laboratoires associés, le changement de Directeur du Centre, l'affichage de l'analyse de la situation telle que l'avait faite la Commission lors de la seconde séance, et la planification de l'Enseignement par des professeurs à plein temps attachés au Centre*).

(Corrigé page 56).

CORRIGES DES EXERCICES

CORRIGE DE L'EXERCICE 1 C

On pourrait regrouper les causes sous six rubriques :

A) Attitudes et sentiments personnels du participant (causes : 1, 2, 7, 8, 9, 11, 12, 13, 17, 19, 27, 29).

B) Obstacles venant des attitudes du conducteur de la réunion (causes : 3, 6 et 10 dans la mesure où le Président laisse faire, 21).

C) Causes provenant du contenu ou de l'ambiance de cette réunion-là (causes : 4, 5, 10, 18).

D) Obstacles venant de la situation spécifique de cette réunion (causes : 15, 16, 20, 22, 24).

E) Obstacles provenant de l'attitude des autres membres (causes : 6, 14, 21, 23, 25).

F) Causes provenant de l'organisation générale (13, 26, 28, 30).

On peut aussi, en regroupant C, D et E, trouver quatre grands chapitres :

1. Obstacles intérieurs chroniques chez le participant ;
2. Mauvaise qualité de la conduite du groupe (responsabilité du Président ou de l'animateur) ;
3. Obstacles venant du contenu, de l'ambiance et des attitudes des autres ;
4. Causes dues à des fautes d'organisation générale.

N.B. — *Le corrigé de l'exercice 1 A se trouve pratiquement représenté par la liste des causes données en exercice 1 B.*

Le corrigé de l'exercice 1 B peut être tiré du texte de l'exposé 1, chapitre 2. Les réactions des participants ne sont pas en nombre infini et se ramènent à des formes diverses d'inquiétude, de passivité, d'irritation, de détachement, d'agitation, de participation à des apartés, d'inhibition, d'évitement.

CORRIGE DE L'EXERCICE 2

A) Seraient à rapporter évidemment à l'animateur :

1. Anxiété et inhibition intimes ; trac devant son public ;
2. Décontenancement par ce qui se passe. Ne comprend pas ;
3. Désintérêt personnel pour le groupe. Mépris du travail de groupe en général ;
4. Hostilité ou agressivité envers certains membres du groupe ;
5. Incapacité à faire les synthèses ;
6. Incapacité à ramener le groupe sur l'objet de la discussion ou à régler le débat de manière ordonnée ;
7. Interventionnisme autoritaire bloquant la participation des autres ;
8. Passivité naturelle ou intentionnelle (idéologique). Style « laisser faire » ;
9. Préoccupations extérieures, distraction, ne « suit » pas ;
10. Rigidité dans le rôle statutaire. Inadaptation du rôle à la situation ou au « genre » de la réunion.

B) Seraient à première vue d'origine extérieure et non pas « de la faute du Président », les causes d'échecs suivantes :

1. Apartés, sous-groupes, petites conversations à voix basse entre 2 ou 3 membres ;
2. Disposition spatiale (des tables) incommode, ne permettant pas les échanges ou les rendant difficiles ;
3. Existence de tension, malaises, gênes, difficiles à élucider et à éliminer ;
4. Groupe trop nombreux ;
5. Hostilité du groupe, ouverte ou latente, à l'égard de l'animateur-président ;
6. Participants ayant tendance à accaparer la parole (activité de leaders informels) ;
7. Le groupe est passif ;
8. Les personnes présentes ne connaissent pas l'animateur et cela crée une gêne ;
9. Les personnes présentes ne se connaissent pas et cela jette un froid ;
10. Perturbations extérieures, dérangements, téléphone, allées et venues... ;

11. Présence d'un membre gênant, d'une manière ou d'une autre, les responsables de la réunion ;

12. Pression du temps.

Comparaison des deux séries.

Pratiquement, l'animateur ou le Président est encore responsable de la plupart de ces phénomènes :

— soit en tant qu'organisateur,

— soit en tant que conducteur et régulateur de la réunion.

CORRIGE DE L'EXERCICE 3

(Le corrigé de 3 C est dans l'exposé d'information correspondant)

A) 1° Interconnaissance assez profonde des partenaires, comportant une familiarité, une habitude inter-individuelle des manières de penser de l'autre (inverse : avoir affaire à un inconnu).

2° Acceptation intégrale de l'autre comme partenaire dans le dialogue. Confiance en l'autre (inverse : refus de l'autre, méfiance).

3° Ecoute compréhensive des idées émises par l'autre. Effort pour en saisir le sens (inverse : tendance au dialogue de sourds, chacun suit son idée sans écouter l'autre).

4° Effort d'exposition personnelle des idées, intention de se faire comprendre (inverse : démission devant tout effort de se faire comprendre, ou intention de dissimuler ses idées).

5° Abandon du principe de propriété personnelle des idées, acceptation d'une co-responsabilité (inverse : égocentrisme, narcissisme).

6° Effervescence intérieure « germinative » consistant en ce que des idées de l'autre éveillent en soi-même d'autres idées (inverse : tendance immobiliste à rester sur ses positions).

7° Recherche authentique d'un accord sur des idées jaillies de cette interstimulation. Adhésion personnelle profonde à ce qui exprime cet accord (inverse : tendance à convaincre l'autre et à chercher seulement à l'amener à notre point de vue).

B) Ces conditions sont les mêmes pour un groupe de travail, mais la nécessité de nombre et de valeur des « interactions » (créativité de l'échange proprement dit) se traduit par des exigences précises dans 3 domaines :

1° Nombre réduit de participants (optimum de 5 à 10) ;

2° Maturité du groupe (permettant la réalisation des conditions « affectives » ci-dessus, au niveau du groupe comme ensemble) ;

3° Méthodes différenciées de la part du conducteur de la réunion.

A ce propos, il est intéressant de lire la satire que fait Pierre Daninos dans son livre *Made in France* (Ed. Julliard, 1977) des réunions de cadres dans les Entreprises. Voici un passage de cet ouvrage (pp. 55 à 58) :

« ... Chagnotin appartient à une espèce en voie d'extinction, considérée comme irrecyclable par les jeunes cadres et entretenue en état de marche par certains patrons.

Comme tous les échantillons de cette catégorie résiduelle, Chagnotin présente une véritable allergie à la mécanique du groupe. Loin de saliver à l'appel du *briefing* ou de la *conférence* comme un chien de Pavlov auquel aurait été inoculé le virus de la réunionnite, Chagnotin, aux seuls mots de *Comité, Réunion, Brainstorming* et autres « conseils », est atteint d'inhibition. Son flair lui fait deviner, à la présence de plus de trois personnes dans un bureau, qu'on va lui faire perdre son temps et celui des autres... « Travail d'équipe » provoque chez Chagnotin l'effet d'une sonnette d'alarme. La perspective d'activités pluridisciplinaires lui donne même de l'urticaire. Quant aux « clubs de réflexion », ils ne provoquent chez lui rien d'autre que le fou-rire... Le patron le sait. Chagnotin est à la fois irrécupérable et irremplaçable. Il ne sera pas remplacé.

Mais, en attendant, pour permettre aux jeunes cadres de se réunir à Ajaccio en séminaire intensif afin de définir leur rôle et se redéfinir, il faut des Chagnotins qui travaillent sur place sans songer à remettre en question leur équation personnelle.

Homme de chiffres et de statistiques, travailleur obstiné, toujours prêt à céder son mois d'Août à quelqu'un d'autre, Chagnotin possède toute l'estime du patron.

On dirait qu'un acte secret les unit.

Le secret de cette liaison déjà vieille, c'est une note de Chagnotin, tombée il y a trois ans entre les mains de M. de Witt-Piquet, par le fait d'un hasard malencontreux, ou grâce à l'habileté de quelque mouchard de service.

La note intitulée *Résultats chiffrés de 204 réunions et conférences à la Sofratar*, était ainsi rédigée :

COMMENT PERDRE 8 HEURES EN 50 MINUTES

	Temps passé (par 1 personne)	Temps-perdu (par 10 personnes)
... à se dire bonjour et à se donner des nouvelles	10 mn	100 mn
... à préciser le sujet exacte de la réunion	15 mn	150 mn
... à évoquer le passé (« En 63, j'avais proposé que... mais personne ne m'a écouté »)	13 mn	130 mn
... à narrer une expérience personnelle (« Comme je le disais hier à Giscard... »)	10 mn	100 mn
Total	48 mn	480 mn

... soit très exactement 8 heures perdues par 10 personnes en moins de 50 minutes.

La statistique a laissé le patron songeur, mais le songe prolongé n'étant pas dans ses habitudes, il s'en est presqu'aussitôt suivi un « Appelez-moi Chagnotin ». Quelques secondes plus tard, devant le petit papier tenu entre le pouce et l'index par M. de WITT-PIQUET, apparition du coupable :

« Inutile de nier, Chagnotin !... Alors je vais vous le dire : c'est grave. Je dirai même plus ; c'est important... C'est important parce que, entre nous, Chagnotin, mais entre nous seulement, ... vous avez raison !... ».

Une Société sans conférence, sans comités, sans briefing, sans brainstorming, il ne saurait en être question sous peine de perdre la face vis-à-vis des sociétés concurrentes comme de l'état-major même de la Maison, Il y a un certain degré d'absurdité que la raison se doit de conserver pour que les gens ne se demandent pas si on est complètement fou.

La note de Chagnotin, mûrie par M. de WITT-PIQUET, a tout de même provoqué une accélération remarquable dans la conduite des réunions.

Le mérite en revient, bien entendu, au Patron... ».

CORRIGE DE L'EXERCICE 4

PREMIERE PARTIE :

GENRE A (réunion de foule, attentes générales imprécises, non formelles). Réunions 1, 4.

GENRE B (réunion d'information très formelle, avec auditoire large, varié). Réunions 6, 10, 13.

GENRE C (réunion de petit groupe en discussion en vue de décisions). Réunions 9, 11, 16.

GENRE D (réunion d'information dite « descendante » dans une entreprise ou société à auditoire faisant partie du même groupe socio-professionnel). Réunions 3, 5, 7, 14.

GENRE E (réunion d'information dite « ascendante » ou interview de groupe). Réunions 8, 12, 18.

GENRE F (Brainstorming). Réunions 2, 15, 17.

DEUXIEME PARTIE :

— Point 1 de l'ordre du jour : information descendante. Le Président doit donner la parole aux personnes qui détiennent l'information (une d'entre elles parlera sur le fond, les autres complétant) et fera poser des questions par l'auditoire pour préciser certains points.

— Point 2 : Réunion-discussion de résolution de problème et de décision. Le Président doit ouvrir son dossier et présenter le problème en 10 minutes maximum, puis animer une discussion. Une dernière phase doit aboutir à des décisions exécutoires, faisant l'unanimité.

— Point 3 : Briefing. Le Président expose la mission et discute avec le groupe en vue d'une répartition des rôles pour la prospection. Les rapports de chacun seront à présenter lors de la prochaine réunion.

— Point 4 : Ce point se subdivise en deux phases : la première (recueil des échos) est une interview de groupe (ou information ascendante). Le Président doit interviewer tous les présents et essayer de dégager une série d'impressions communes ; la seconde phase est une réunion-discussion (leçons à tirer) pouvant aboutir à des décisions (à court, moyen, long terme). Naturellement le Président doit annoncer les deux phases.

— Point 5 : Brainstorming. Le Président introduit le problème et conduit ensuite le brainstorming après avoir annoncé le genre et son rôle.

N.B. — A) *Rien n'empêche le Président de demander officiellement à tel ou tel membre d'animer tel ou tel point de l'ordre du jour.*

B) *Le compte rendu de la réunion ne mentionne (outre les noms des présents) que les résultats ou synthèses de chaque point.*

C) *Remarquez que les réunions de Bureaux d'Associations ou de Conseils d'Administration ne se passent jamais ainsi.*

CORRIGE DE L'EXERCICE 5

(en travail individuel)

1° *Analyse du processus de structuration de l'histoire pour chaque narrateur :*

L'image (inconnue jusque-là) est l'objet d'une *perception,* mais cette perception est déjà personnelle en ceci que l'attention est d'avance orientée par les thèmes habituels de pensée du narrateur, par ses valeurs affectives ou morales. La perception est donc à l'avance porteuse d'une thématisation. De ce fait elle sélectionne inconsciemment des détails de l'image qui ont une « signification-pour-le-sujet-qui-perçoit », signification qui, à son tour, organise ou thématise l'ensemble des autres détails en un système cohérent ou logique par rapport au sens « choisi » comme central.

Ainsi, *l'opinion* croit sortir de l'information (ici la réflexion sur l'image) alors que des significations latentes s'emparent de l'information et s'organisent en une opinion.

La diversité des « interprétations » est tellement frappante que l'on se demande ce qu'il pourrait y avoir d'objectif dans l'image. Une fois construite, l'opinion, qui « tient » ainsi à tout le système de références personnelles du sujet, résiste à une autre systématisation. Chaque personne justifie intérieurement son opinion et ne peut accepter « l'organisation du champ perceptif » que lui propose l'opinion de l'Autre, car cela l'amènerait à « se mettre lui-même en question ».

2° *Analyse du processus d'élaboration de l'histoire collective :*

Les personnes du groupe, dans une lutte d'influence, essaient de persuader les autres de l'objectivité de leur récit. Prises par le temps et par une sorte de découragement devant la compétition, elles aboutissent *à un ralliement autour d'un minimum* qui sauvegarde leur opinion comme possible. Il y a donc un double processus : réduction au minimum de signification (on laisse la porte ouverte à des superstructures divergentes) et banalisation de la synthèse. Des ambiguïtés subsistent volontairement (ici la jeune fille est aussi fillette), on évite les mots précis (« on », « lieu public »), on s'en tient à des généralités. Peut-être peut-on voir un symbolisme inconscient dans l'idée de « porte de secours » ou dans la caractérisation du climat de l'histoire, applicable au groupe de travail après 45 minutes de débat (« consternation générale »).

CORRIGE DE L'EXERCICE 6

PREMIERE PARTIE

Attribuez-vous 1 point par réponse ayant un sens et 3 points pour la réponse juste à la question 6.

Une des solutions possibles du problème 6* :

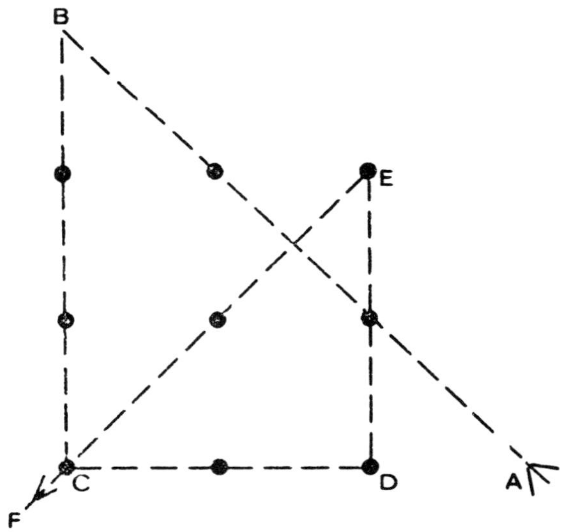

* Pour votre information, sachez que ce célèbre problème étudié en 1968 par H.H. KENDLER, en 1969 par D. KRECH, R.S. CRUTCHFIED et N. LIVSON a pour but, en psychologie, de montrer que nous ne sortons pas facilement de la figure constituée par les 9 points. La preuve en est qu'en donnant 11 points (les mêmes + un point en A et un point en B) les sujets expérimentaux trouvent 2 fois plus rapidement la solution (C.A. BURNHAM et K.G. DAVIS, 1969). Si, dans la consigne, on précise que les lignes demandées peuvent « sortir » du carré et se couper, la solution est trouvée de 2 à 3 fois plus rapidement. Si l'on donne les 11 points en indiquant le point de départ en A, la solution est trouvée 3 fois plus vite en moyenne. Vous pouvez refaire ces expériences. — *N.B.* Les chercheurs américains appellent ce problème *the nine dot problem.*

Le meilleur total possible étant de 25 points, vous pouvez voir si votre imagination est libre.

Analyse de l'effort d'imagination et de ses obstacles.

1. Après lecture du problème, il y a orientation vers des possibles puis recherche active d'idées (créativité proprement dite).

2. Evaluation critique de chaque « idée possible », par rapport aux données du problème.

3. Le succès excite, l'échec démoralise dans la recherche des idées.

4. Nous cherchons parmi les « possibles » et il est difficile de « sortir du cadre » routinier qui nous emprisonne à notre insu (exemple du problème 6). Il faudrait se « déconditionner ».

Les obstacles s'en déduisent. Au premier rang des facteurs stérilisants :

1. L'absence de points de repères ou de « directions » vers lesquelles chercher.

2. Le jugement critique (et auto-critique).

3. L'auto-découragement.

4. La difficulté à briser les cadres routiniers.

DEUXIEME PARTIE

Aucun de ces 5 problèmes ne peut faire l'objet d'un brainstorming.

Veuillez décomposer chacun en ses sous-problèmes.

(Nouveau corrigé — à lire après avoir fait vous-même l'exercice de décomposition — page 53).

TROISIEME PARTIE

N.B. — *L'exposé introductif du brainstorming a été préparé par l'animateur après interview d'un petit groupe de 4 géomètres particulièrement préoccupés de la méconnaissance de leur profession dans le public et des conséquences de cette méconnaissance. L'exposé (10 minutes) était très motivant pour le groupe de créativité.*

Interventions de l'animateur.

1. Jusqu'à présent 4 pistes ont été utilisées : la piste des réalisations inédites susceptibles d'attirer l'attention sur votre corporation, c'est-à-dire faire quelque chose de spectaculaire,... la piste des alliances avec des personnages-vedettes ou jouissant de la considération générale,... la piste du renouvellement des responsables ou des moyens de dynamiser

tous ceux qui sont concernés,... la piste du « service social » comme locomotive de publicité...

2. Aux pistes précédentes (rappel des 4 pistes) s'ajoutent maintenant : le souci d'aménagement de vos relations de voisinages,... le souci de réforme intérieure ou d'organisation interne de vos possibilités,... le souci de mettre l'un des vôtres à des postes de contrôle ou de renseignement,... de développer en chacun des responsables la compétence en matière de publicité...

3. Après les 8 pistes précédentes (rappel), vous trouvez des directions nouvelles : accroissement de la solidarité par tous les moyens,... multiplication des interventions positives à caractère d'information du public par vous-mêmes,... améliorer la qualification de vos employés et la qualité de votre travail,... développer l'accueil,... la défense corporative contre ceux qui vous grignotent...

4. Vous ajoutez : information directe du Public,... augmentation de votre propre information interne,... accroissement de votre information sur les autres,... circulation de ces informations entre vous,... disparition de toutes les frontières qui vous isolent...

Liste des 18 idées finalement retenues (10,5 %) :

I. — Information du public :

Faire une émission de T.V. de temps en temps,... recourir à des spécialistes de la Publicité pour organiser la propagande,... Publicité collective par toute la profession,... informer l'opinion publique des réunions de géomètres,... organiser des congrès de géomètres, importants et spectaculaires,... diffusion systématique des tableaux de l'Ordre dans les professions parallèles organisées et dans les annuaires existants,... publicité à propos de ce séminaire,... revoir le problème de l'insigne des géomètres et de sa diffusion,... articles de presse sur toutes les manifestations de la profession,... faire des congrès sur des thèmes d'intérêt national et public,... création d'un panneau spécial pour l'exécution de travaux en ville,... affiches publicitaires...

II. — Information des Administrations :

Contacts politiques.

III. — Autres idées :

Participation aux expéditions polaires,... faire tourner un film de court métrage sur la profession,... organiser des cycles de conférences dans les classes terminales,... systématiser les relations avec les professions parallèles,... financer des Prix (littéraires, de concours, de lauréats de diverses catégories)...

CORRIGE DE L'EXERCICE 6

DEUXIEME PARTIE (relance)

1. — Le problème se décompose d'abord en deux :

A) Quels sont les obstacles (hommes, institutions ou faits) à l'expansion de la consommation du lait ?

B) Quelles sont les catégories de consommateurs (possibles ou réels) de lait ?

Sur chacune de ces deux directions, on a alors un certain nombre de facteurs ou de catégories.

Il y a autant de sous-problèmes (à traiter en brainstormings) qu'il y a de facteurs.

2. — Le problème se subdivise en 3 :

A) Comment contrecarrer à l'étranger la contre-publicité touristique des agences qui recommandent d'éviter la France dans les transits ?

B) Comment améliorer l'hôtellerie française pour lui faire conquérir sa place dans le tourisme international ?

C) Comment développer le tourisme étranger en France en dehors de l'hôtellerie proprement dite ?

3. — Il y a plusieurs brainstormings possibles sur ce seul problème par la seule détermination des multiples catégories d'utilisateurs ou de professionnels concernés ou pouvant le devenir.

4. — Il faut faire une séance sur chaque pièce d'un intérieur (cuisine, chambre à coucher, bureau, etc...).

5. — Evidemment, on ne peut faire de séance qu'à raison d'une par poste de travail décrit.

. . . .

N.B. En séminaire, pour organiser la démonstration d'un brainstorming, je vous suggère de procéder de la façon suivante :

1) Après avoir défini le brainstorming en quelques mots, vous demandez aux stagiaires, de rédiger sur des petits papiers, des thèmes de brainstorming qu'ils aimeraient voir traiter. Autrement dit, faites formuler (en 2 ou 3 lignes) des « situations-problèmes » qui, à leur avis, feraient l'objet d'un brainstorming intéressant. A cette phase, chacun rédige individuellement et anonymement, 3 ou 4 papiers.

2) Vous collectez les papiers, vous les lisez tous à haute voix face au groupe, en éliminant les situations-problèmes *qui ne sont pas du ressort d'un brainstorming* (qui seraient plutôt des discussions, des jurys, des négociations, etc.). Il vous en reste alors dans les mains un certain nombre qui, au prix d'aménagements, sont techniquement valables.

3) Vous faites *voter* sur chacun des thèmes qui restent en présence. Chaque stagiaire peut voter plusieurs fois. Après un certain nombre de tours de vote, un thème recueille la large majorité des suffrages.

4) Vous demandez alors quels sont les 3 ou 4 stagiaires qui sont le plus « au courant de l'importance du problème » de par leur existence professionnelle ou leur expérience. Vous prévenez que ces 3 ou 4 seront *observateurs* pendant le brainstorming, puis constitueront le jury de sélection des idées après la séance.

5) Vous prenez à part ces 3 ou 4 spécialistes (les autres membres étant en pause) et vous les interviewez à fond pour construire votre exposé introductif au brainstorming.

6) Vous conduisez par la suite, le brainstorming sur ce thème.

CORRIGE DE L'EXERCICE 7

Première série d'erreurs lors de la préparation de la réunion :

— Heure et jour (les interviewés n'ont aucune envie que cela dure) ;

— Nombre (trop grand groupe pour une interview) ;

— Qualité des personnes (mélange de statuts et de grades qui va inhiber les employés subalternes) ;

— Qualité de l'interviewer (n'est pas forcément « accepté » comme interviewer) ;

— Mauvaise disposition spatiale.

Deuxième série d'erreurs lors de la présentation du thème :

— Insiste sur le peu de temps disponible en croyant que cela va être une stimulation ;

— Accuse ses interlocuteurs (« vous êtes collectivement responsables », ce qui fait naître une insécurité) ;

— Menace de décisions « appropriées » à prendre par la direction sur son rapport (ce qui bloque définitivement le groupe).

Il est probable que cette ouverture a eu pour effet psychologique de paralyser les confidences et de solidariser le groupe contre lui.

Troisième série d'erreurs au cours de la réunion :

— Ne supporte pas les silences ;

— Interroge directement en croyant qu'il va forcer les confidences ;

— Discute ;

— Se laisse interviewer par des membres du groupe au lieu de les interviewer ;

— Ne se rend pas compte apparemment de ce renversement de situation qui est une excellente fuite du groupe et qui le met personnellement dans un très mauvais pas.

N.B. — Notez que la plupart des interventions des personnes du groupe consiste à *reformuler* ce que dit le Chef du Personnel. Les rôles sont tout à fait inversés. Le groupe tend à devenir un Tribunal. Il met discrètement en accusation celui qui arrivait en accusateur.

CORRIGE DE L'EXERCICE 8 DEUXIEME PARTIE

Q 1. — Six phases apparaissent : 1) Présentation des participants par le médiateur, 2) Expression des positions de départ (confrontation proprement dite) ceci en deux temps : d'une part positions idéologiques ou de principe, d'autre part propositions « de base » considérées comme conditions *sine qua non* de la participation à la suite de la négociation, 3) Critique de ces positions par le médiateur, montrant leurs difficultés logiques et leur invalidité par les conséquences à prévoir, 4) Nouvelles propositions des partenaires principaux après la connaissance des positions adverses et la réflexion sur la critique entendue, ceci ayant fait l'objet d'une séance de concertation par délégation, 5) Remplacement du « compromis » par une analyse en profondeur de la situation déclenchante dans son contexte réel, d'où changement de significations des « faits », 6) Coopération nouvelle et germinative du groupe en vue de la solution qui s'impose logiquement à partir de ces significations nouvelles.

Q 2. — La disposition spatiale du début marque déjà les intentions d'affrontement des délégations adverses. Chacune a son leader. Ce sont les leaders — ou ténors ou hérauts — qui se défient en proclamant leurs positions idéologiques. Les membres des délégations ne participent pas ; leur présence a cependant un effet, celui d'extrémiser les proclamations des leaders respectifs. Les positions idéologiques s'appuient sur des faits sélectionnés et interprétés, et sont « loin » de la situation totale réelle. Il y a inter-accusation. Chaque leader « dénonce » la mauvaise foi de ses « adversaires ». Ces attitudes de défi et de bravade persistent au début de la deuxième séance. La « concession » de l'un est considérée par l'autre comme aveu de faiblesse ou de peur ; la proposition de l'autre est considérée comme une basse manœuvre par le premier, etc. A ce stade, il semble que chaque délégation se donne pour but de vaincre l'autre en lui imposant de force sa solution. Défis et menaces se succèdent. Toute rupture possible de la négociation est imputée à « l'autre partie ».

C'est ce scénario fondamental que le médiateur essaie de casser en faisant l'analyse psychologique de la situation dans son contexte réel, et en obtenant pour cette analyse la participation active des muets, ce qui brise le monolithisme des groupes et l'effet d'extrémisation. Le choc des significations nouvelles opère une mutation des systèmes jusque-là rigides. La situation devient soluble dans cette perspective, et le changement de perception des faits (associé au changement de perception des antagonistes) se matérialise par un changement de disposition spatiale marquant l'intention commune de coopérer. La dernière séance s'oppose, par sa dynamique et son ambiance, à la première. Elle est véritablement concertation avec sentiment de co-responsabilité et désir de participer. Le groupe est devenu créatif.

Q 3. — A) Le médiateur joue d'abord à plein la *confrontation*. Il force les positions extrémistes à s'exprimer librement et n'empêche pas l'affrontement des leaders. Ainsi il sait que chaque délégation sera informée des positions de l'autre. — B) Dans une phase critique, il souligne que l'une et l'autre position est une façon de refuser la situation de négociation ici ou de ne pas en profiter, ce qui revient à préférer le conflit et ses conséquences. Il propose la pause après cette mise au point pour que les délégations se concertent. — C) Dans

une troisième phase, il « tire » la discussion vers la compréhension complète de la situation, ceci d'une part en « revenant au réel » et d'autre part en obtenant la participation des muets, ce qui brise les blocs idéologiques. Il va jusqu'au fond de cette clarification du sens nouveau de tous les faits, et il obtient un accord général sur cette analyse, ceci sans aucune critique (ce qui serait facile) des positions *a priori* du début dont la facticité éclate. — D) Dans une dernière phase, il n'a plus qu'à animer un groupe cohésif et motivé, en vue de la rédaction du protocole d'accord et des solutions au problème. Ces solutions font *l'unanimité*, phénomène à souligner par comparaison avec le désir d'affrontement lors de la première séance.

PROGRAMMES DE SESSIONS

N.B. — *Il est absolument impossible du point de vue pédagogique et psychologique de faire une session sur ce thème sans avoir fait préalablement la session de sensibilisation à la Dynamique de groupe. Cf. séminaire spécial.*

Programme d'une session de sensibilisation de 2 jours à la conduite de réunion

14 à 18 participants

(2 animateurs)

1re journée : centrée sur l'observation des phénomènes de groupe.

9 h - 9 h 30 : Présentation des participants, du programme, des méthodes et des animateurs.

9 h 30 - 10 h 30 : Exposé d'introduction : Introduction et Exposé I, chapitres 1 et 2.

N.B. — *Un des 2 animateurs sera en position d'observateur du groupe des participants entre 9 h et 11 h (donc aussi pendant le débat).*

17 h 15 - 18 h : Débat en grand groupe sur la notion d'interaction à partir d'une comparaison entre le groupe du matin et le groupe du soir au point de vue des interactions.

18 h - 18 h 30 : Exposé de synthèse (exposé 1, chap. 4).

18 h 30 - 18 h 45 : Pause.

18 h 45 - 19 h 30 : Exposé sur le rôle d'animateur (exposé 1, et 5 résumé) selon les différents types de réunion.

19 h 30 : Remise des questionnaires d'évaluation globale de la session.

Programme d'une session de 3 jours

14 à 18 participants
(3 animateurs)

1re journée : centrée sur la dynamique de groupe.

9 h - 9 h 30 : Présentation du programme et des animateurs.

9 h 30 - 10 h 30 : Exposé d'introduction (cf. Introduction générale et exposé I, chap. 1 et 2).

10 h 30 - 11 h : Explications sur l'organisation des travaux pratiques d'observation des groupes (Exercice de dynamique des groupes tiré du Fascicule intitulé : « La Dynamique des groupes », exercice 8).

11 h - 12 h 30 : Première partie de l'exercice (un groupe au travail, un en observation).

14 h 30 - 16 h : Reprise de l'exercice avec interversion des groupes.

16 h - 16 h 30 : Pause.

16 h 30 - 17 h 30 : Rédaction des rapports par petits groupes.

17 h 30 - 18 h 30 : Débat en grand groupe. Lecture des rapports. Analyse de la salle pendant ces travaux.

18 h 30 - 19 h 15 : Exposé : La participation (exposé I, chap. 4).

19 h 15 : Réunions en auto-organisation de petits groupes de 5 ou 6 par affinités, en vue de l'évaluation de la journée selon le guide présenté en Annexe III.

10 h 30 - 11 h : Débat avec le groupe.

11 h - 11 h 45 : Exposé présentant objectivement l'analyse de l'auditoire, de ses réactions et de la situation pédagogique au cours de la matinée (par l'animateur - observateur précédent).

11 h 45 - 12 h 30 : Discussion libre sur ce compte rendu.

14 h 30 - 14 h 45 : Explications sur le travail de l'après-midi.

14 h 45 - 16 h : Travaux pratiques par petits groupes (Exercice 3 sans compte rendu).

16 h - 16 h 30 : Pause.

16 h 30 - 17 h 45 : Exercice 4 par petits groupes.

17 h 45 - 18 h 45 : Exploitation des exercices et synthèse.

18 h 45 - 19 h 15 : Exposé : Participation et Conduite (Exposé 1, chapitres 3 et 4, résumés).

19 h 15 - 19 h 45 : Débat.
Remise des questionnaires d'évaluation de la journée.

2e journée : centrée sur les interactions dans les groupes de travail.

9 h - 9 h 15 : Compte rendu des questionnaires de la veille.

9 h 15 - 9 h 45 : Explications du travail pratique (exercice 5 A) et réalisation des travaux individuels.

9 h 45 - 10 h 30 : Travaux pratiques, suite de l'exercice 5 A.

10 h 30 - 11 h 30 : Exploitation des résultats. Synthèse.

11 h 30 - 12 h 15 : Exposé : facteurs de stérilité et de fécondité des groupes de travail (tiré du chapitre 4, exposé 1 et de la synthèse des T.P.)

14 h 15 - 15 h 30 : Organisation et réalisation d'un brainstorming sur un thème intéressant le groupe (exercice 6).

15 h 30 - 16 h : Débat en grand groupe.

16 h - 16 h 30 : Pause.
Dépouillement des résultats du brainstorming pendant le débat et la pause.

16 h 30 - 17 h 15 : Exposé : le brainstorming (exposé 3).

2e journée : informations sur la conduite des réunions.

9 h 9 h 15 : Compte rendu des réunions d'évaluation de la veille et commentaires.

9 h 15 - 10 h 45 : Organisation et réalisation d'un brainstorming.

N.B. — *L'exercice 5, s'il était fait ici d'abord, multiplierait la frustration et l'agressivité du groupe déjà choqué la veille par le doublé de la séance, donc à éviter.*

10 h 45 - 11 h : Pause.

11 h - 12 h : Exposé sur le brainstorming (exposé 3).

12 h - 12 h 30 : Compte rendu du dépouillement opéré entre 10 h 45 et 12 h.
Débat.

13 h 30 - 15 h 45 : Réunion-discussion modèle d'un groupe, conduit par un des animateurs sur un sujet choisi par le groupe.
Un demi-groupe de volontaires est en réunion. Les autres sont en observateurs avec mission d'analyser la méthode de l'animateur.

15 h 45 - 16 h 30 : Rapport écrit par petits groupes sur la méthode.

16 h 30 - 17 h : Pause.

17 h - 17 h 15 : Rapport de la réunion par l'animateur.

17 h 15 - 18 h 15 : Rapports sur la méthode par les rapporteurs des petits groupes. Synthèse.

18 h 15 - 19 h : Exposé de synthèse générale (exposé 5, chap. 1, et exposé 1, chap. 3).

19 h : Réunion d'évaluation par sous-groupes comme à la fin de la 1re journée.

3e journée : pratique de la conduite d'une discussion.

9 h - 9 h 15 : Compte rendu des questionnaires d'évaluation de la veille.

9 h 15 - 10 h 30 : Exposé général sur tous les types de réunions (exposés 2, 3 et 5).

10 h 30 - 11 h 15 : Débat.

11 h 15 - 11 h 40 : Mise sur pied et explications de l'ensemble des travaux pratiques de l'après-midi.

N.B. — *Le but est de faire passer chacun des 18 participants à une expérience d'animation d'une réunion-discussion pendant 40 minutes. Ceci est possible à condition de prévoir un chronométrage strict et un dispositif précis dont voici le détail :*

Le groupe est divisé en 3 groupes de 6, et ces groupes de 6 (appelons-les A, B et C) vont s'installer dans des locaux séparés.

Les animateurs doivent disposer de 6 thèmes de réunions-discussions qui ont pu être tirés au sort parmi des thèmes proposés par les participants. Comme il faut éviter qu'une même personne soit participant et animateur dans le même groupe, il faudra faire conduire à chacun un des deux autres groupes.

Si nous appelons A 1, A 2, A 3, etc., les participants du groupe A,... si nous appelons B 1, B 2, B 3, etc., ceux du groupe B,... si nous appelons C 1, C 2, C 3, etc., ceux du groupe C,... nous pourrons faire en sorte que, pour le premier tour (c'est-à-dire les premières séances simultanées *de discussion) le groupe A (diminué de A 1) soit conduit par B 1, le groupe B (diminué de B 1) soit conduit par C 1, et le groupe C (diminué de C 1) soit conduit par A 1. Au premier tour, les « animateurs » désignés (ou volontaires) quittent donc leur groupe de participation et, munis d'un thème de discussion qu'ils reçoivent au passage (sans en avoir pris antérieurement connaissance), vont prendre le poste d'animateur dans le groupe qui leur a été affecté. Un schéma au tableau rend cette permutation circulaire très facile à comprendre.*

En arrivant devant son groupe à conduire, « l'animateur » présente son thème, et la discussion commence pour 40 minutes.

Après ce délai, arrêt général par les moniteurs officiels. Une phase intermédiaire sera instituée qui est la suivante :

Les « animateurs » qui viennent de s'essayer ont 10 minutes pour s'isoler et mettre au net leur rapport de synthèse.

Pendant ce temps, les 5 participants de cette même discussion se mettent à faire entre eux la critique de la réunion, au point de vue de la dynamique, de la participation, de la technique d'animation. Après ces 10 minutes, les animateurs en formation remettent leur rapport aux moniteurs de la session, puis doivent rejoindre leur groupe de participation. *Un deuxième tour commence, où A 2 va conduire le groupe C,... B 2 le groupe A,... et C 2 le groupe B. Même système : les 3 « animateurs » recueillent au passage le même sujet de discussion, etc...*

Les moniteurs officiels sont chacun en observation d'un groupe et aident ce groupe dans la phase intermédiaire de discussion sur la dynamique.

Organisation horaire de l'expérience totale (il y a 5 minutes de pause entre chaque « tour » de ce marathon).

11 h 40 - 12 h 20 : Premier tour - Premier thème.
A1 conduit C, B1 conduit A, C1 conduit B.

12 h 20 - 12 h 30 : Les animateurs A 1, B 1, C 1 font individuellement la mise au propre du rapport et *le remettent aux moniteurs officiels* (ceci en vue de la publication éventuelle du compte rendu du séminaire et pour la séance de synthèse finale).

Les groupes A, B, C (chacun réduit à 5 membres) discutent sur la dynamique, aidés par les moniteurs.

14 h 35 - 15 h 15 : Deuxième tour - Deuxième thème. A2 conduit C, B2 conduit A, C2 conduit B.

15 h 15 - 15 h 25 : Les « animateurs » A 2, B 2, C 2 font individuellement leur rapport, le remettent. Les groupes A, B, C, réduits à 5 membres, discutent...

15 h 30 - 16 h 10 : Troisième tour - Troisième thème. A3 conduit C, B3 conduit A, C3 conduit B.

16 h 10 - 16 h 20 : A3, B3, C3 au rapport. Les groupes A, B, C, en discussion, assistés chacun par un moniteur.

16 h 25 - 17 h 05 : Quatrième tour - Quatrième thème. A4 conduit C, B4 conduit A, C4 conduit B.

17 h 10 - 17 h 20 : A4, B4, C4, au rapport. A, B, C en discussion...

17 h 20 - 18 h : Cinquième tour - Cinquième thème. A5 conduit C, B5 conduit A, C5 conduit B.

18 h - 18 h 10 : A5, B5, C5, au rapport. A, B, C, en discussion...

18 h 15 - 18 h 55 : Sixième et dernier tour. A6 conduit C, B6 conduit A, C6 conduit B.

18 h 55 - 19 h 05 : A6, B6, C6 au rapport. A, B, C, en discussion...

19 h 05 - 19 h 15 : Pause.

19 h 15 - 20 h : Exposé de synthèse (sur la formation expérientielle et sur les résultats des travaux pratiques) concernant d'une part l'amélioration de la participation, d'autre part l'amélioration de la compréhension des phénomènes de groupe, et enfin la découverte personnelle des difficultés de l'animation.

N.B. *Si les animateurs disposent de magnétoscopes, il faut prévoir le double du temps d' façon à tirer profit de l'auto-observation.*

PROGRAMME D'UNE AUTOFORMATION

L'auto-formation à la conduite de réunions exige, pour être efficace, que vous utilisiez en même temps que ce manuel les fascicules La Dynamique des groupes *et* L'Interview de groupe, *dont les objectifs sont convergents* en ce qui concerne la conduite des petits groupes de travail.

Si vos buts sont plus politiques, les fascicules Le conflits dans l'Entreprise *et* Pratique de la concertation *compléteront ultérieurement le présent manuel en ce qui concerne les concertations et les négociations. Si vos buts sont plus pédagogiques c'est au fascicule* Les méthodes actives dans la pédagogie des adultes *qu'il faudra ultérieurement vous référer.*

---

1 **Faites les exercices pratiques 1 (A, B et C).**

2 **Lecture de l'introduction et de l'exposé I, chapitre 2.**

3 **Exercices pratiques 2 (A et B) et 3.**

4 **Lecture de l'exposé I, chapitre 1 et 4.**

5 Si possible, faites individuellement les exercices de diagnostic de la dynamique des groupes, qui sont dans le fascicule : *La dynamique des groupes.*

A partir de ce moment de la formation, vous devez multiplier vos exercices par des *réflexions écrites d'évaluation* des réunions auxquelles vous assistez. Vous trouverez en annexe des « guides d'évaluation des réunions », que vous compléterez par une analyse personnelle :

SUR LA CONDUITE DES RÉUNIONS

Après avoir appliqué le plan d'auto-formation proposé ici, et après avoir consulté sur tous les points délicats les deux autres fascicules recommandés ci-dessus (ce qui vous demandera 1 mois ou 2 de travail selon le nombre d'heures que vous pouvez y consacrer), laissez passer 3 mois et donnez-vous à vous-même une « piqûre de rappel », pour ainsi dire, en faisant méthodiquement une relecture complète de ce manuel et une reprise des exercices sans recours à vos précédentes solutions.

— de la dynamique du groupe ;
— des raisons de la non-participation éventuelle des présents ;
— de la méthode d'animation utilisée par le responsable.

Autrement dit, appliquez systématiquement à toutes les réunions où vous avez été participant, les questionnaires d'évaluation qui sont ci-dessous en annexe.

6 Lecture des exposés 2 et 3.

7 Lecture de l'exposé 1, chapitre 3.

8 Exercice pratique 4.

9 Exercice 5 B, puis, le lendemain, Exercice 6, première partie.

10 Lecture de l'Exposé 4.

11 Exercice 6, deuxième et troisième parties.

N.B. — Attention, la deuxième partie contient une relance dans son premier corrigé et il ne faut pas l'éviter.

12 Lecture de l'Exposé 5, chapitre 1.

Les connaissances qui sont résumées dans cet Exposé doivent servir activement à une attention nouvelle portée au déroulement de réunions-discussions auxquelles vous participerez. Sachez qu'au début cette formation vous mettra plutôt en position d'observateur que de participant. C'est en répétant l'expérience que vous finirez par intégrer ces connaissances au point de participer mieux et de mieux conduire éventuellement vous-mêmes vos réunions.

13 Exercice 7.

Sur le texte de cet exercice vous pouvez, en outre, faire une nouvelle analyse de dynamique de groupe *avant* d'aller lire le corrigé.
Complétez en faisant les exercices 5 et 6 du séminaire *L'interview de groupe.*

14 Lecture de l'Exposé 5, chapitres 2, 3, 4.

N.B. — *Pour ce qui est des exercices essentiels de* reformulation, *il a été jugé inutile de reproposer ici ceux qui figurent dans les travaux pratiques du fascicule :* L'entretien de face à face. *Nous les supposons connus et l'entraînement doit être déjà fait sur ce point.*

15 Exercice 8 deuxième partie. Lecture de l'exposé 6 et conclusion.